# DE L'INJUSTICE
## DANS LA RÉVOLUTION
ET DE L'ORDRE
## DANS L'ÉGLISE

PARIS. — IMP. DE SIMON RAÇON ET COMP., RUE D'ERFURTH, 1.

# DE L'INJUSTICE
# DANS LA RÉVOLUTION

ET DE L'ORDRE

## DANS L'ÉGLISE

PRINCIPES GÉNÉRAUX

## DE PHILOSOPHIE PRATIQUE

Réfutation de

**P. J. PROUDHON**

PAR

## ADOLPHE HUARD

*Fiat lux in veritate.*

---

PARIS

LEBIGRE-DUQUESNE FRÈRES, ÉDITEURS

16, RUE HAUTEFEUILLE, 16

1858

Droits de reproduction et de traduction réservés.

# AVANT-PROPOS

Lorsque parut, il y a deux mois environ, le Livre de M. Proudhon, intitulé : DE LA JUSTICE DANS LA RÉVOLUTION ET DANS L'ÉGLISE, comme simple curieux, d'abord, puis comme aimant à suivre le mouvement littéraire de notre époque, je me hâtai d'en prendre connaissance.

Les doctrines émises dans l'OEuvre du philosophe socialiste excitèrent en moi une soudaine stupeur, et je ne pus, sans un instinctif sentiment de répulsion, envisager l'audace de celui

# DE L'INJUSTICE
# DANS LA RÉVOLUTION

ET DE L'ORDRE

## DANS L'ÉGLISE

PRINCIPES GÉNÉRAUX

## DE PHILOSOPHIE PRATIQUE

Réfutation de

**P. J. PROUDHON**

PAR

## ADOLPHE HUARD

*Fiat lux in veritate.*

---

PARIS

LEBIGRE-DUQUESNE FRÈRES, ÉDITEURS

16, RUE HAUTEFEUILLE, 16

1858

Droits de reproduction et de traduction réservés.

# AVANT-PROPOS

Lorsque parut, il y a deux mois environ, le Livre de M. Proudhon, intitulé : DE LA JUSTICE DANS LA RÉVOLUTION ET DANS L'ÉGLISE, comme simple curieux, d'abord, puis comme aimant à suivre le mouvement littéraire de notre époque, je me hâtai d'en prendre connaissance.

Les doctrines émises dans l'OEuvre du philosophe socialiste excitèrent en moi une soudaine stupeur, et je ne pus, sans un instinctif sentiment de répulsion, envisager l'audace de celui qui dédiait sa grossière utopie au vénérable Cardinal Mathieu, Archevêque de Besançon.

Puis, examinant attentivement la pensée inspiratrice de ce philosophe, je conçus le projet d'écrire une Réfutation que me dictait ma conscience, réfutation qui n'étonnera pas de ma part ceux qui liront : Un dernier mot a mes lecteurs[1].

Déjà j'avais formé le plan de cet Ouvrage, lorsque les trois volumes de M. Proudhon furent saisis.

Ma tâche devenait difficile, car je devais appréhender la reproduction d'un texte interdit, et craindre d'enrayer peut-être l'action de la Justice.

Je dus attendre l'issue du procès.

A peine la condamnation fut-elle prononcée, que je pris pour base de ma réfutation les ar-

---

[1] Voir à la fin de l'ouvrage, p. 295

ticles incriminés, articles que déjà je voulais essayer de détruire, tombant ainsi d'accord, par prescience sans doute, avec les Magistrats de mon pays. Et plaçant, comme Préface de mon Livre, le Jugement de la 6ᵉ Chambre correctionnelle, ainsi que l'Exposé des motifs, je continuai mon œuvre, renvoyant pour chaque nomenclature aux pages qu'il m'est légalement interdit de mentionner.

J'ai cherché, dans la limite du droit, à combattre une théorie que je trouve immorale dans le fond et dans la forme.

J'ai cherché à mettre la vérité à la place du mensonge, et le raisonnement à la place de la divagation.

En un mot, guidé par la triste expérience que j'ai acquise, aux dépens même de ma vie, mon but a été d'être utile à mon pays, à mes concitoyens, et de prémunir la génération future contre des piéges tendus avec art, par des principes subversifs et destructeurs de tout ce qui est *juste* et éminemment *social*.

Les honnêtes gens apprécieront; — seuls, je les reconnais aptes à me comprendre.

ADOLPHE HUARD.

# TRIBUNAL CORRECTIONNEL DE PARIS

(8ᵉ CHAMBRE)

## PRÉSIDENCE DE M. BERTHELIN

**Audience du 3 juin**

### AFFAIRE DE M. PROUDHON

Voici le texte du jugement :

« Attendu la connexité, joint les deux instances.

« En ce qui touche l'ouvrage intitulé : *De la Justice dans la Révolution et dans l'Église*,

« Attendu qu'en toute matière, même en matière religieuse, chacun a le droit de librement exposer son opinion et de discuter celle d'autrui, mais à la condition de respecter les lois qui ont posé les bornes d'une controverse licite ; que c'est le droit et le devoir de la justice de sévir quand la discussion, sortant des limites d'une sage modération, revêt le caractère de la violence et dégénère en délit ;

« Attendu que Proudhon se reconnaît auteur d'un ouvrage intitulé : *De la Justice dans la Révolution et dans l'Église; nouveaux principes de philosophie pratique;* ouvrage qu'il reconnaît avoir publié dans le courant de l'année 1858 ;

« Que, dans l'ensemble de cet ouvrage, et notamment aux pages 252, 358, 438 et 451 du tome I$^{er}$ ; 55, 447 et 540 du tome II$^e$ ; 187, 269, 299, 316 et 520 du tome III$^e$, au cours de l'exposé de ses doctrines, qu'il qualifie lui-même d'antithéistes, et qui tendent, suivant son expression, à éliminer « Dieu, comme inutile ; » Proudhon ne craint pas, en parlant du Christ, de l'appeler le « fils putatif de Dieu ; » représente la religion comme remplissant « une « mission immorale ; » écrit qu'elle est établie « en « dehors de la justice, dont elle ne possède pas la « notion ; » que son troupeau « se compose exclusi- « vement de riches ; que les pauvres la quittent « parce qu'elle est pour eux une marâtre ; qu'elle a « dégradé l'homme et qu'elle corrompt les mœurs ; » qu'il reproche à l'Église « d'abêtir la nation au « lieu de l'instruire ; de dépraver le travailleur, de « pratiquer le mercantilisme, de faire argent de « tout et de s'enrichir par la captation et l'escro- « querie ; » qu'il la compare à la femme adultère « qui a perdu le sentiment de son immoralité ; » lui dit : « que son but, c'est-à-dire son paradis, est un « brigandage, et le Dieu qu'elle sert le démon ; »

qu'enfin il lui annonce « qu'elle se fera jeter aux « gémonies par l'indignation des sectes dissi- « dentes. »

« Qu'il poursuit de ses sarcasmes outrageants les pratiques et les prières de l'Église, notamment l'Oraison dominicale, qui, d'après l'interprétation qu'il impute à l'Église de ses termes, « serait un « tissu d'idées niaises, contradictoires, immorales « même et impies, un incompréhensible galima- « tias ; » qu'il soutient que l'Église, en entreprenant de réformer les amours, a dénaturé l'institution du mariage, désolé les cœurs et enflammé la luxure ; qu'il prétend « qu'elle n'a pas distingué « le mariage du concubinage, étant prête à tout bé- « nir, pourvu qu'on demande sa bénédiction ; » qu'il ajoute que, depuis l'établissement du christianisme, « l'adultère a perdu sa gravité et s'est mul- « tiplié ; » qu'il affirme même que l'adultère, désigné par lui sous la dénomination la plus cynique, « est « par l'Église devenu le corollaire du mariage, et « qu'à ce titre il est d'institution catholique. »

« Qu'enfin il représente les ministres du culte « comme accoutumés à l'espionnage, ayant pour « métier de trahir, et devenus les ennemis du genre « humain ; qu'il les signale comme étant la cause du « désordre des ménages, où ils apportent la dés- « union l'adultère et l'inceste ; » qu'il s'étend sur ce qu'il appelle « leur paillardise sacrilège, » et termine en affirmant « que les hontes du césarisme ont « été égalées par celles de la théocratie. »

« Attendu qu'en même temps, à la page 447, Proudhon déclare inefficace la cérémonie du mariage civil, proclamant inutile l'intervention du magistrat au point de vue de la morale, et en se demandant si la morale en amour, que n'ont pu définir et sauvegarder les mots de prostitution, de concubinage, de mariage, ne serait pas mieux assurée, comme le prétendent les communistes, par une liberté sans limites que par toutes les formes légales ;

« Attendu que ces coupables propositions, présentées dans les termes les plus violents et les plus injurieux, ont pour but et pour résultat de froisser de la façon la plus douloureuse les croyances religieuses, dont la loi commande le respect ; qu'en les produisant dans son livre, Proudhon a violé toutes les règles d'une controverse permise, et qu'il a, au premier chef, commis le délit d'outrage à la morale publique et religieuse ;

« Attendu qu'à la page 309 du tome III, à propos d'une femme condamnée pour bigamie par la cour d'assises à deux ans de prison, le prévenu Proudhon s'efforce de justifier cette femme, en niant que le fait qu'elle a commis soit un crime, et proclame « qu'en dépit de l'Église et de la loi, cette femme « est innocente et digne de respect ; »

« Qu'il est évident que dans ce passage Proudhon a fait l'apologie d'un fait qualifié crime par la loi pénale, et commis le délit que réprime le décret du 27 juillet 1849 ;

« Attendu qu'aux pages 519, 523 et 529 du tome II, il commet les attaques les plus flagrantes contre le respect dû aux lois ; qu'en effet, il ne craint pas d'écrire : « Que la société n'a pas le droit
« de punir le coupable, soutient que l'assassin de-
« vant ses juges peut leur dire qu'il rejette leur Code,
« parce qu'il ne croit pas en leur Dieu et en leur
« société, dans laquelle il n'a pas reçu sa part ; qu'il
« n'admet pas l'existence d'un lien juridique entre
« les hommes ; qu'ils n'ont pas le droit de juger ;
« que, s'il a tué un homme, c'est qu'il était en
« guerre avec lui ; que, contre lui, on ne peut user
« que de la force ; et qu'il la méprise autant que le
« châtiment et la justice ; »

« Que Proudhon, enfin, fait la « critique du Code
« pénal, de ses catégories, des débats et des termes,
« de la division des peines en afflictives et infa-
« mantes, » qui, suivant lui, « fait aller le législa-
« teur et le juge de pair avec les scélérats qu'ils
« poursuivent » et proclame ce qu'il appelle « l'é-
« pouvantable arbitraire avec lequel on distribue et
« on applique les peines, » et qu'il termine en disant « que tel condamné à mort a fait preuve, dans
« la perpétration de son crime, de plus de sens

« moral que les juges n'en ont montré dans sa con-
« damnation ; »

« Attendu que, s'efforçant, aux pages 285, 309
et 444 du tome Ier de son livre, aux pages 268 du
tome II et 14 du tome III, de semer « la désunion
« entre les classes de la société, Proudhon prétend
« que les patrons s'entendent, que les entrepreneurs
« se coalisent, que les compagnies se fusionnent,
« que les quinze mille propriétaires des trente mille
« maisons de Paris, qui servent à loger un million
« d'hommes, rançonnent et grèvent le travail, af-
« fament les ouvriers; que la société gémit sous un
« régime de privilége et d'accaparement où tout est
« arrangé pour l'inégalité; qu'il compare l'ouvrier
« au serf du moyen âge, attaché à la glèbe; qu'il
« affirme que si les ouvriers se mettent en grève,
« seul moyen qu'ils aient de faire admettre leurs
« réclamations, ils sont transportés sans pitié, voués
« aux fièvres de Cayenne et de Lambessa; qu'il pré-
« tend que l'armée est une église affranchie de tout
« droit et de tout devoir humain, dont la morale se
« résume dans ce mot LA CONSIGNE, dont la con-
« science est l'ordre de son chef et dont l'intelli-
« gence est au bout de sa baïonnette; que plus loin
« il signale au mépris public l'armée, qui est la pa-
« trie de l'honneur, en disant qu'elle est le foyer de
« la trahison et de la lâcheté, et qu'il finit par pro-
« clamer qu'en présence de cette organisation so-

« ciale où tout est faux, rien ne peut retenir l'insur-
« rection, puisque le travailleur hait celui qui
« l'exploite; »

« Que dans ce passage Proudhon, évidemment,
a cherché à troubler la paix publique en excitant au
mépris et à la haine des citoyens les uns contre les
autres;

« Attendu enfin que, dans les pages 250 et 450 du
tome 1ᵉʳ de son livre, Proudhon a, de mauvaise foi,
publié des nouvelles fausses; qu'en effet il publie,
et ce contrairement à la vérité, ainsi qu'il l'a reconnu à l'audience, « que sous l'inspiration du clergé
« s'accomplit une épuration générale auprès de la-
« quelle les épreuves de Robespierre ne seraient
« qu'un jeu, et qu'il a été dressé des listes pour une
« première fournée de quarante mille individus qui
« seraient, selon son expression, « la plus insa-
« lubre de l'Europe; » qu'enfin il représente
« comme ayant négligé en Crimée les malades qui
« ne se confessaient pas, les sœurs de charité, » qui,
en réalité, ont été, dans la dernière guerre, la providence du soldat, quelles que fussent ses croyances
et sa nationalité;

« Attendu, quant à l'application du décret du 17
février 1852, que les termes de ce décret sont généraux, qu'ils punissent toute publication de tout fait
faux, sans imposer cette condition que le fait soit
présenté comme actuel au moment de la publica-

tion; que le législateur n'a pu vouloir distinguer entre le cas où le fait publié vient de se passer et celui où un certain laps de temps s'est écoulé depuis que ce fait se serait produit, puisque, dans l'un et l'autre cas, est égal le danger que veut conjurer le décret, et qui est la conséquence de la propagation de la nouvelle fausse; que le législateur s'est préoccupé surtout du caractère nuisible de la nouvelle; que d'ailleurs, dans l'espèce, le premier fait faux livré à la publicité devait inquiéter le public, non-seulement pour le moment, mais pour l'avenir;

« Que Proudhon est donc convaincu d'avoir commis les délits prévus et punis par l'art. 8 de la loi du 17 août 1848, 7 du décret du 11 août 1848; 3 de la loi du 27 juillet 1849 et 15 du décret du 17 février 1852;

« Attendu que Bourdier, imprimeur, et Garnier, éditeur, ont fourni à Proudhon les moyens de commettre les délits ci-dessus établis; que leurs devoirs d'imprimeur ou d'éditeur et les intérêts de leur responsabilité leur imposaient l'obligation de lire et apprécier le livre à publier, obligation d'autant plus étroite, qu'il s'agissait de l'œuvre nouvelle d'un auteur déjà frappé d'une peine sévère pour délit de presse; que la lecture de l'œuvre leur a démontré sa criminalité, et que c'est sciemment qu'ils ont participé aux délits relevés à la charge de Proudhon; qu'ils sont donc ses complices;

« En ce qui touche l'écrit intitulé : *Proudhon au Sénat ;*

« Attendu que Proudhon s'en reconnaît l'auteur ;

« Attendu qu'il l'a publié, et que, par suite, il l'a soumis aux dispositions législatives qui régissent la presse ;

« Attendu que, dans cette brochure, il reproduit ses attaques contre la religion, en les résumant et les précisant ; qu'en effet, il persiste à représenter la religion comme extra-constitutionnelle, dépourvue d'ordres juridiques, n'ayant aucune doctrine morale et ne sachant rien du mariage et de la famille; et articule que le maintien de la religion compromettrait aux yeux de la société le gouvernement qui la tolérerait ;

« Qu'il a donc, dans cet écrit, commis le délit d'outrage à la morale publique et religieuse ;

« A l'égard de Bry,

« Attendu que, sciemment, il s'est rendu complice du délit relevé à la charge de Proudhon en imprimant une brochure qu'il savait, selon son aveu, être le corollaire d'un livre déjà saisi par la justice ;

« Qu'en outre Bry est convaincu de n'avoir pas fait, à l'égard dudit écrit, le depôt au parquet prescrit par la loi du 27 juillet 1849 ;

« Quant au surplus des délits imputés aux prévenus :

« Attendu que ces délits ne sont pas suffisamment établis ;

« A l'égard des délits constatés vis-à-vis de Proudhon :

« Attendu qu'en cas de conviction de plusieurs délits la peine la plus grave doit seule être appliquée ;

« Vu l'art. 7 du décret du 11 avril 1848, lequel article édicte la peine la plus grave ;

« A l'égard de Garnier, de Bourdier et de Bry :

« Vu l'article ci-dessus visé et les articles 59 et 60 du Code pénal ;

« Attendu que Proudhon est en récidive comme ayant été condamné à plus d'une année d'emprisonnement pour délit de presse ;

« Vu l'art. 58 du Code pénal ;

« Vu néanmoins l'art. 463 du Code pénal, qui est applicable, en matière de presse, aux termes du décret du 11 août 1848 ;

« Vu les circonstances atténuantes ;

« Vu, en outre, à l'égard de Bry, l'art. 7 de la loi du 27 juillet 1849, et attendu qu'en cas de conviction de contravention et de délit le cumul des peines peut exister :

« Condamne Proudhon à trois ans de prison, quatre mille francs d'amende ;

« Garnier à un mois de prison, mille francs d'amende ;

« Bourdier à quinze jours de prison et mille francs d'amende ;

« Bry à quinze jours de prison et cent francs d'amende ; en outre, Bry à cent francs d'amende pour la contravention ;

« Fixe la durée de la contrainte par corps, à l'égard de Proudhon, à deux années, et, à l'égard de chacun des autres prévenus, à une année ;

« Vu enfin l'art. 26 de la loi du 26 mai 1819, ordonne la suppression des deux ouvrages condamnés et la destruction des exemplaires saisis et à saisir ;

« Condamne les prévenus aux dépens. »

# PREMIÈRE PARTIE

## QU'EST-CE QUE M. PROUDHON?...

I

Selon certains observateurs, M. Proudhon est un fou dont l'imagination, bariolée de sophismes philosophiques, élabore des doctrines monstrueuses au faux point de vue social et humanitaire.

C'est avec acharnement qu'il répand ces doctrines, car il croit être un nouveau Prophète chargé d'annoncer aux peuples la VÉRITÉ !...

Suivant d'autres observateurs, M. Proudhon ne serait qu'un charlatan qui débite son orviétan sur la place publique, et ramasse les gros sous, en riant sous cape de sa supercherie et de la niaiserie des badauds, ses acheteurs.

Je vais tâcher d'analyser ce *socialiste féroce* du dix-neuvième siècle, en examinant quels peuvent être les mobiles de ses opinions, et quels sont les éléments qui composent le parti dont il s'est fait le chef par ses théories subversives.

## II

Il existe dans la société une classe de citoyens qui ne rêve que révolutions, et dont la jalousie rageuse, contre tout ce qui est sommité ou capacité, médite la destruction et insuffle dans le cœur du peuple toutes les passions mauvaises dont elle est travaillée.

Cette classe est ambitieuse, et espère toujours ramasser un coin du pouvoir, dans l'anarchie fangeuse où elle pousse la France à se précipiter.

Elle exploite la population laborieuse; se sert souvent de son ignorance, toujours de son bras pour frapper, et, le lendemain de la victoire, alors que le pouvoir lui est échu sans coup férir, elle médite encore la destruction de ce peuple de la veille, car elle sait bien, la rusée, que l'ouvrier, avec son gros bon sens, distingue parfaitement le bien d'avec le mal, et chassera à son tour du temple les prévaricateurs qui ne se sont servis de lui que comme d'un marchepied !...

Non-seulement elle est complétement nulle en politique, mais encore elle a d'elle-même une telle opinion d'infaillibilité, qu'elle en devient stupide, égoïste, envieuse et sanguinaire.

Enfin, cette classe se compose, — en général : — de bandits sans aveu, d'écrivains sans talent, d'ouvriers sans courage et par conséquent sans ouvrage, d'avocats sans causes, de médecins sans malades, de journalistes et de poëtes de carrefours, déclamant leurs diatribes sur les tréteaux de la mendicité et du *chantage populaire;* bohèmes sans souliers, couchant à la corde, et vivant de croûtes arrachées à la commisération des estropiés de cervelle.

Voilà le corps d'armée dont M. Proudhon

s'est fait de nouveau le chef de par le livre qu'il vient de publier.

Le chef, dira-t-on... mais alors, ce serait un monstre vomi par les enfers!...

Malheureusement le fait que j'avance est vrai.

C'est M. Proudhon qui a déclamé au peuple ces iniquités :

« Le riche a assez joui de ses maisons confortables, de ses tables somptueuses, de ses habits appropriés à toutes les saisons, de cette existence moelleuse qui fait le bonheur sur cette terre ! — Il vous faut prendre la place de tous ces gens-là, vous emparer de leurs richesses, jouir à votre tour !... C'est votre droit, et votre spoliation insurrectionniste est le plus saint des devoirs!... »

Il a dit tout cela, et ses théories impies ont déchaîné les passions mauvaises; elles ont surexcité l'esprit de quelques hommes croyant sincèrement au progrès, et ce qu'il y a de plus affreux encore, elles ont jeté au milieu des barricades des milliers de forçats qui ne demandaient que meurtre et que pillage.

Ce n'est pas tout; pendant que de braves généraux, d'illustres prélats, affrontaient les balles meurtrières d'une populace en délire, M. Proudhon, lui, qui l'avait poussée dans la rue, cette populace; M. Proudhon, qui avait égaré l'intelligence de quelques rares hommes de cœur qui pouvaient se rencontrer dans les barricades; M. Proudhon, enfin, qui avait allumé l'incendie, prenait prudemment des chemins détournés, pour se rendre, — sans danger, — au sein de l'Assemblée nationale, dont le devoir eût été alors de le chasser comme un lépreux, comme un galeux, auteur de tout le mal !

*Qu'est-ce donc que M. Proudhon?*

## III

En attendant une conclusion mûrie par un examen plus profond de sa conduite politique, on est en droit de se faire cette question. Examinons.

A une certaine époque, après une longue série de calculs philosophiques sur l'origine du gouvernement, M. Proudhon a dit :

« Au point de vue moral et intellectuel, la société, ou l'homme collectif, se distingue surtout de l'individu par sa *spontanéité d'action*, autrement dit *l'instinct;* tandis que l'individu n'obéit ou s'imagine n'obéir qu'à des motifs dont il a pleine connaissance, et auxquels il est maître de refuser ou d'accorder son adhésion, tandis, en un mot, qu'il se juge libre, et d'autant plus libre qu'il se croit plus raisonneur et mieux instruit; la société est sujette à des entraînements où rien, au premier coup d'œil, ne laisse apercevoir de délibération et de projet; mais qui, peu à peu, semblent dirigés par un conseil supérieur existant hors de la société et la poussant avec une *force irrésistible* vers un *terme inconnu*. L'établissement des MONARCHIES, des institutions judiciaires, sont autant de manifestations de cette spontanéité sociale dont il est beaucoup plus facile de noter les effets que d'indiquer le principe ou de donner la raison. Tout l'effort même de ceux qui, à la suite de

Bossuet, Vico, Herder, Hegel, se sont appliqués à la philosophie de l'histoire, a été jusqu'ici de *constater la présence du destin providentiel, qui préside* à tous les mouvements de l'homme. Et *j'observe à ce propos que la société ne manque jamais, avant d'agir, d'évoquer son génie, comme si elle voulait se faire ordonner d'en haut ce que déjà sa spontanéité a résolu...* »

Dans un autre passage, le grand *républicain-socialiste* laisse échapper ces phrases parfaitement concluantes :

« Les philosophes qui, portant dans la morale et dans l'histoire leur sombre humeur de démagogues, affirment que le genre humain n'a eu dans le principe ni chefs ni rois, ne connaissent rien à la nature de l'homme. *La royauté, et la royauté absolue, est, plus que la démocratie, une forme primitive de gouvernement. La royauté date de la création de l'homme.*

« L'origine *spontanée, instinctive*, et, pour ainsi dire, *physiologique* de la royauté, lui donna dans les commencements un caractère surhumain; les peuples la rapportèrent aux dieux, de qui, disaient-ils, descendaient les premiers rois; de là les généalogies divines des familles royales, les incarnations des dieux : de là les doctrines de droit divin... »

Continuons notre examen, et mettons sous les yeux de nos lecteurs cette page écrite naguère par M. Proudhon, en regard des doctrines communistes [1] émises nouvellement dans son livre intitulé : DE LA JUSTICE DANS LA RÉVOLUTION ET DANS L'ÉGLISE.

« Les inconvénients de la communauté sont d'une telle évidence, que les critiques n'ont jamais dû employer beaucoup d'éloquence pour en dégoûter les hommes. L'irréparabilité de ses injustices, la violence qu'elle fait aux sympathies et aux répugnances, le joug de fer qu'elle impose à la volonté, la torture morale où elle tient la conscience, l'atonie où elle plonge la société, et, pour tout dire, enfin, l'uniformité béate et stupide par laquelle elle enchaîne la personnalité libre, active, raisonneuse, insoumise de l'homme, ont soulevé le

---

[1] *Mot de protestation*, etc.; voir au compte rendu du procès, à la page 144.

bon sens général et condamné irrévocablement la communauté.

« Les autorités et les exemples qu'on allègue en sa faveur se tournent contre elle : la république communiste de Platon suppose l'esclavage; celle de Lycurgue se faisait servir par les ilotes, qui, chargés de tout produire pour leurs maîtres, leur permettaient de se livrer exclusivement aux exercices gymnastiques et à la guerre. Aussi J. J. Rousseau, confondant la communauté et l'égalité, a-t-il dit quelque part que sans l'esclavage il ne concevait pas l'égalité des conditions possibles. Les communautés de l'Église primitive ne purent aller jusqu'à la fin du premier siècle, et dégénérèrent bientôt en moineries; dans celle des jésuites du Paraguay, la condition des Indiens a paru à tous les voyageurs aussi misérable que celle des esclaves, et il est de fait que les bons pères étaient obligés de l'enclore de fossés et de murailles pour empêcher leurs néophytes de s'enfuir. Les babouvistes, dirigés par une horreur exaltée de la propriété, plutôt que par une croyance nettement formulée, sont tombés par l'exagération de leurs principes; les saint-simoniens, cumulant la communauté et l'égalité, ont passé comme une mascarade. LE PLUS GRAND DANGER AUQUEL LA SOCIÉTÉ SOIT EXPOSÉE AUJOURD'HUI, C'EST DE FAIRE ENCORE UNE FOIS NAUFRAGE CONTRE CET ÉCUEIL.

« Les membres d'une communauté n'ont rien en propre; la communauté est propriétaire, non-seulement des biens, mais des personnes et des volontés. C'est d'après ce principe de propriété souveraine que, dans toute communauté, le travail, qui ne doit être pour l'homme qu'une condition imposée par la nature, devient un commandement humain, par là même odieux; — que l'obéissance passive, inconciliable avec une volonté réfléchissante, est rigoureusement prescrite; — que la fidélité à des règlements toujours défectueux, quelque sages qu'on les suppose, ne souffre aucune réclamation; — que la vie, le talent, toutes les facultés de l'homme, sont propriété de l'État, qui a droit d'en faire, pour l'intérêt général, tel usage qu'il lui plaît; — que les sociétés particulières doivent être sévèrement défendues, malgré toutes les sympathies et antipathies de talents et de caractère, parce que les tolérer serait introduire de petites communautés dans la grande, et par conséquent des propriétés ; — que le fort doit faire la tâche du faible, bien que ce devoir soit de bienfaisance, non d'obligation, de conseil, non de précepte ; — le diligent, celle du paresseux, bien que ce soit injuste ; — l'habile, celle de l'idiot, bien que ce soit absurde ; — que l'homme enfin, dépouillant son *moi*, sa spontanéité, son génie, ses affections, doit s'anéantir devant la majesté et l'inflexibilité de la commune.

« La communauté est inégalité, mais dans le sens inverse de la propriété. La communauté est l'exploitation du fort par le faible. Dans la communauté, l'inégalité vient de la médiocrité des talents et du travail, glorifiée à l'égal de la force. Cette équation injurieuse révolte la conscience et fait murmurer le mérite ; car, si ce peut être un devoir au fort de secourir le faible, il veut le faire par générosité, il ne supportera jamais la comparaison. Qu'ils soient égaux par les conditions du travail et du salaire, mais que jamais le soupçon réciproque d'infidélité à la tâche commune n'éveille leur jalousie.

« La communauté est oppression et servitude. L'homme veut bien se soumettre à la loi du devoir, servir sa patrie, obliger ses amis; mais il veut travailler à ce qu'il lui plaît, autant qu'il lui plaît; il veut disposer de ses heures, n'obéir qu'à la nécessité, choisir ses amitiés, ses récréations, sa discipline; rendre service par raison, non par ordre; se sacrifier par égoïsme, non par une obligation servile. La communauté est essentiellement contraire au libre exercice de nos facultés, à nos penchants les plus nobles, à nos sentiments les plus intimes; tout ce qu'on imaginerait pour la concilier avec les exigences de la raison individuelle et de la volonté n'aboutirait qu'à changer la chose en conservant le nom; or, si nous cherchons la vérité de bonne foi, nous devons éviter les disputes de mots.

« Ainsi la communauté viole l'autonomie de la conscience et de l'égalité; la première, en comprimant la spontanéité de l'esprit et du cœur, le libre arbitre dans l'action et dans la pensée; la seconde, en récompensant par une égalité de bien-être le travail et la paresse; le talent et la bêtise, le vice même et la vertu. La communauté deviendrait bientôt impossible par l'émulation de fainéantise... »

Or, *qu'est-ce que M. Proudhon?*

Et que doit-on penser d'un écrivain, d'un *réformateur*, dont les paroles contrastent entre elles d'une si étrange manière?...

## IV

Je m'abstiens de me prononcer en ce moment.

Mais qu'il me soit permis de citer l'opinion de Lamennais, l'un des derniers lambeaux vénérés du parti démocratique.

« Il est dans le parti républicain une classe qui n'a d'importance que par la force que l'imagination lui prête, fantôme sinistre qui apparaît comme quelque chose de gigantesque, à travers les nuages qui l'enveloppent. Je parle des anarchistes, *de ces monstres aux mains sanglantes*, qui méditent, au fond de leurs repaires, le *pillage*, le *meurtre*, l'*incendie*. Impuissants par eux-mêmes, ils disparaîtront *dès qu'on s'unira contre eux ;* et ce seraient des passions bien étrangement aveugles que celles, nous ne disons pas qui chercheraient des alliés dans le crime et dans la dévastation, *mais qui ne suspendraient à l'instant toute autre guerre*, lorsque des antres où ils se cachaient sortent soudain, haletants de fureur, les bannis de la civilisation, pour ébranler la civilisation dans ses fondements mêmes.

« *Quiconque alors hésite à se lever, à se joindre à ses frères pour la défense commune, celui-là n'est pas un homme, celui-là est infâme !...* »

L'ex-vicomte, l'ex-pair de France, Victor Hugo, aujourd'hui pamphlétaire de Londres, apologiste de la *théorie de l'assassinat politique*, donne aussi son avis.

Voyons donc :

« Le *socialisme* ou la république *rouge*, dit-il, c'est tout un, car il abattra le drapeau tricolore sous le drapeau rouge ;

« Fera des gros sous avec la colonne ;

« Jettera bas la statue de Napoléon et dressera la statue de Marat ;

« Détruira l'Institut, l'École polytechnique et la Légion d'honneur ;

« Ajoutera à la devise : *Liberté, Égalité, Fraternité*, l'option suivante : *ou la Mort ;*

« Fera banqueroute ;

« Ruinera les riches sans enrichir les pauvres ;

« Anéantira le crédit, qui est la fortune de tous, et le travail, qui est le pain de chacun ;

« Abolira la propriété et la famille ;

« Promènera des têtes sur des piques ;

« Remplira les prisons par le soupçon, et les videra par le massacre ;

« Mettra l'Europe en feu, et la civilisation en cendres ;

« Fera de la France la patrie des ténèbres ;

« Égorgera la liberté ;

« Étouffera les arts ;

« Décapitera la pensée ;

« Niera Dieu ;

« Remettra en mouvement ces deux machines fatales qui ne vont pas l'une sans l'autre, la planche aux assignats et la bascule de la guillotine ;

« En un mot, fera froidement ce que les hommes de 93 ont fait ardemment, et, après l'horrible dans le *grand* que nos pères ont vu, nous montrera le monstrueux dans le *petit*. »

Qu'en dites-vous, maître Proudhon ?

Ne voilà-t-il pas une assez belle apologie anticipée de vos doctrines ? Et votre confrère d'*aujourd'hui* en *république rouge*, crayonnait alors assez bien le portrait de ces Lacenaires de la démocratie, dont vous sembleriez maintenant vous faire honneur d'être le chef.

Cependant, vous niez être communiste ?

Vous, pas communiste ?

Mais alors :

*Qu'est-ce que M. Proudhon ?*

## V

Vous allez en juger, lecteurs, en comparant un extrait des œuvres de Cabet, propagateur du communisme, avec les passages du dernier livre de M. Proudhon. (*Voir tous les articles incriminés.*)

Voici le résumé de la doctrine Cabet : « Abolition de la propriété ; — de la famille ; — du mariage ; — du gouvernement ; — de la religion ; — communauté de biens ; — communauté de femmes ; — satisfaction des instincts sensuels ; — culte de la jouissance et de l'égoïsme. » — C'est-à-dire l'*anarchie*.

Ainsi, tantôt M. Proudhon serait ennemi du communisme, et tantôt communiste complet ?

Or ces variations prouveraient, à mon sens, que les hommes sérieux, à quelque parti qu'ils appartiennent, ne doivent pas accepter sans examen profond vos théories politiques et sociales, monsieur Proudhon, vous, qui avez écrit :

« *Le* SOCIALISME *est le dernier rêve de la* POPULACE *en délire!*

Nous pourrions facilement faire dix volumes sur cette question :

*Qu'est-ce que M. Proudhon?*

Et facilement encore dix autres volumes sur cette réponse :

*Voilà ce qu'est M. Proudhon...*

Mais nous préférons donner plus de développement à notre réfutation de ses doctrines, et terminer cette première partie de notre travail par le récit de quelques faits personnels, qui compléteront la silhouette politique du fameux *républicain-socialiste-communiste-philosophe humanitaire.*

M. Proudhon, rédacteur en chef du journal le *Peuple*, plus tard : la *Voix du peuple*, fut condamné sous la République, en 1849, à trois années d'emprisonnement pour attaque à la propriété.

A ce sujet je vais raconter une anecdote qui

prouvera jusqu'à quel point l'auteur de *la Propriété c'est le vol*, avait l'amour de la propriété planté dans le cerveau, — je n'ose dire dans le cœur.

Vers les premiers jours de juin 1849, M. Proudhon arriva à la prison de Sainte-Pélagie. On lui désigna une chambre sur la cour de la Dette, bâtiment destiné alors aux condamnés politiques.

Cette chambre venait d'être habitée pendant trois mois consécutifs par le même détenu.

Or, dans cette chambre, il y avait un trou servant à conduire le tuyau du poêle dans la cour, et, dans ce trou, d'innocents moineaux-francs avaient fait leur nid, en se moquant des chants mélodieux qui auraient pu troubler leurs ébats, sur les airs de : *Ça ira ; Les peuples sont pour nous des frères; Dansons la Carmagnole*, etc.

A peine M. Proudhon eut-il pris possession de la chambre, que trois pierrots, dans le nid, ouvrirent l'œil à la lumière.

Le détenu, prédécesseur du philosophe, *enfant*, comme le sont tous les prisonniers, réclama les oiseaux, prétextant qu'ils avaient été couvés pendant son séjour dans la chambre.

M. Proudhon, dans son *horreur* de la propriété, discuta et prouva que les pierrots étaient *siens*, parce qu'ils étaient nés depuis qu'il habitait son nouveau domicile.

Une grande altercation eut lieu, et se termina par le partage des oiseaux.

Seulement, je dois ajouter qu'il ne fallut rien moins qu'une décision du *Comité socialiste* des détenus politiques pour déterminer l'antagoniste de la *propriété* à se dessaisir de sa propriété volante.

Plus tard, M. Proudhon passa au pavillon de l'Est, réservé spécialement aux hommes de lettres, mais occupé en ce temps-là par plusieurs catégories de condamnés politiques.

Là, il s'isola complétement dans son individualité.

Néanmoins, si, dans de rares promenades sur la cour avec les autres détenus, un de ces malheureux ouvriers égarés par ses doctrines subversives venait à discuter avec lui, il répondait brutalement cette phrase qui lui est familière :

« Le peuple, *c'est* des bêtes ! »

Il semblait cependant se complaire à descendre à l'heure où les grands scélérats se promenaient à leur tour; à causer avec eux, à les interroger; et, quoi qu'on en dise, son dernier livre se ressent de ces conversations. Je le prouverai.

Erreur, diront les honnêtes gens, M. Proudhon ne causait si intimement avec des scélérats que pour tâcher de retremper leur âme, et non pour s'imprégner de leurs dépravations.

Je le veux bien. Mais je vais citer d'abord l'opinion personnelle, sociale, d'un nommé Foubert, auxiliaire à Sainte-Pélagie[1], condamné, en 1843, aux travaux forcés à perpétuité, comme chef d'une bande de voleurs-assassins, n'ayant pas moins commis de trois cents assassinats.

« Je suis voleur, disait Foubert, parce que la société m'a fait voleur; mon père était voleur, ma mère recélait. Quant à l'assassinat, je ne l'ai commis que dans le cas où, pour me

---

[1] Foubert avait obtenu de rester à Sainte-Pélagie en consentant à faire partie des révélateurs.

défendre, j'étais obligé de *refroidir le pantre*[1] ; alors j'étais dans mon droit.

« Quant à vos magistrats, je *m'en bats l'œil*[2]. *C'est* des canailles qui n'ont pas le droit de posséder plus que moi, parce qu'ils sont nés comme moi sur la terre pour être heureux. Si j'étais le plus fort, c'est moi qui les condamnerais ; car, si je *refroidis*, c'est pour ne pas être *refroidi* par l'autre ; tandis que le juge, c'est par esprit de vengeance.

« Donc, il est plus scélérat que moi : car il verse du sang, et moi je travaille proprement... je les étrangle sans une goutte de sang. »

M. Proudhon causait souvent avec M. Foubert ; et nous ne serions pas étonné de trouver un certain point de ressemblance entre les opinions de ce dernier et les pages 519, 523, 529, du tome II du livre intitulé : *De la Justice dans la Révolution*.

Que mes lecteurs jugent.

Peut-être M. Proudhon niera-t-il le fait que je rapporte ; moi, je l'affirme, ce fait.

[1] Tuer l'homme.
[2] Je m'en moque.

M. Foubert, avec lequel j'ai aussi causé quelquefois, non pas au même point de vue, m'a répété sa doctrine à satiété[1].

Seulement, au lieu de germer en moi et de produire des fruits, cette doctrine a excité mon indignation contre les misérables assez dégradés pour émettre de pareilles idées.

## VI

Je laisse à mes lecteurs le soin de résoudre ce problème :

*Qu'est-ce que M. Proudhon ?*

La générosité m'impose l'abstention de toute conclusion radicale.

Seulement, je crois devoir, au nom de la conscience publique outragée, au nom de tout ce qu'il y a de sacré, au nom de la Religion, de

---

[1] J'étais alors détenu avec M. Proudhon à Sainte-Pélagie pour faits politiques. Voir à la fin de l'ouvrage : *Un dernier mot à mes lecteurs*.

la Famille, de la Propriété, controverser les monstrueuses hypothèses de M. Proudhon.

Puissé-je être assez heureux pour répandre la lumière dans son âme et le ramener aux saines traditions de la philosophie chrétienne et sociale, seul mobile du bonheur de l'humanité.

# DEUXIÈME PARTIE

## L'ÉTAT

GOUVERNEMENT.— FINANCES. — ARMÉE. — MINISTRES.— JUSTICE.
— ENSEIGNEMENT. — PRESSE.

(Réfutation des pages 519, 525, 529 du tome II, et des pages 285, 309 et 444 du tome III. — Voir le jugement en tête de ce volume.)

I

GOUVERNEMENT.

L'État se compose des différentes branches que nous venons de détailler en sommaire.

La première, et la plus importante de ces branches, c'est le Gouvernement, c'est-à-dire : la puissance administrative qui règle les intérêts de la nation; élabore, par sa prépondérante initiative, les lois inhérentes au corps social; maintient, à l'aide de ces lois, l'équilibre dans la société; dispense des grands intérêts; donne l'impulsion au progrès et à la civilisation; maintient l'ordre et la sécurité à l'intérieur; enfin, à l'extérieur soutient, de sa diplomatie et de ses armes, la gloire nationale vis-à-vis de l'étranger.

Quelle forme doit avoir le Gouvernement?

Deux opinions admissibles existent à ce sujet :

L'une veut que le chef de l'État *règne et gouverne;*

L'autre, qu'il *règne* sans *gouverner.*

Il y a bien une troisième opinion sur la République rouge, qui nous conduit droit au communisme, et dont M. Proudhon et autres philosophes nous ont donné eux-mêmes, dans leurs ouvrages, un si aimable échantillon... Mais nous ne parlerons pas de cette utopie, inapplicable dans notre pays.

La première des formes gouvernementales admises, la meilleure, à notre avis, veut que le chef de l'État ait l'initiative, la sanction, le choix de ses ministres, de ses magistrats; que la Couronne soit héréditaire et que le Prince qui gouverne soit respecté dans sa personne et dans ses actes, dont il est seul responsable.

La seconde veut que le Pouvoir soit pondéré par des Chambres, c'est-à-dire qu'il y ait partage tertiaire de la puissance, jouissance entière du Pouvoir exécutif pour le Chef, mais irresponsabilité de la Couronne.

C'est cette forme, dont nous avons fait l'essai de 1830 à 1848, qu'on nomme : *Gouvernement constitutionnel.*

Voici, à ce sujet, les appréciations d'un éminent écrivain, Honoré de Balzac, contemporain du règne de Louis-Philippe.

« Le système de 1830 a abondé dans le sens des destructeurs; il a brisé toutes les institutions qui tendaient à constituer la France, à lui donner une politique et des corps agissants : il a démonétisé le Pouvoir. De plus, on ne peut le nier, la puissance paternelle, la plus forte des institutions sociales, et qui me paraît être toute la société, est amoindrie encore plus par le résultat du Titre des successions que par le Titre de la puissance paternelle. En effet, dès qu'un fils a vingt et un ans, il souhaite le bonjour à son père, il doit songer à faire fortune.

Dès lors il n'y a plus la moindre subordination dans l'État. Le père et le fils peuvent avoir des idées contraires. Chacun ne pense plus qu'à soi. L'individualisme est le produit de vos lois : vous avez des contribuables. Aussi jamais, dans un autre temps, n'a-t-on fait plus de lois fiscales et pénales. La nation qui demande, plus que toutes les autres nations, à être contenue par une hiérarchie puissante, n'a pas le moindre sentiment d'obéissance ni de respect. On ne contient le peuple que par la religion. L'État n'a plus de religion dominante; le prêtre est un fonctionnaire aux gages de la commune ou de l'État. La bourgeoisie ne croit plus; l'épicier est de la religion de Voltaire, et vous voulez que le peuple croie? Sachez-le bien, l'attachement à la religion grecque est l'un des plus solides principes du gouvernement russe. L'instruction publique, remise entre les mains des laïques, n'a plus de cohésion. Elle vient vous dire (par la voix du ministre, M. Cousin, dans sa plus grande solennité) qu'il y a un mât de cocagne en haut duquel arrivent la ténacité, le travail. Le ministre parvenu a généralisé la doctrine des Parvenus, qui ne doit être qu'une exception. Il s'ensuit qu'au sortir du collége l'écolier se propose d'être premier ministre, et, comme il n'y en a qu'un, le jeune homme fait brèche quelque part, en pure perte pour lui, mais au grand dommage de l'État.

« Ainsi donc, dans la Famille, au Collége, dans le prolétariat, dans la politique, en toutes choses, au lieu de contenir les intérêts privés, vous les avez déchaînés en faisant arriver la doctrine du Libre Arbitre à ses conséquences extrêmes. *Vous avez laissé l'industrie, le commerce et le travail, qui ne sont que des choses secondaires en saine politique, devenir tout dans l'État, au lieu d'y être asservis. La bourgeoisie n'est pas autre chose que la réunion de l'industrie, du commerce et du travail. Entre la bourgeoisie et le centre d'action où se font les évolutions du Pouvoir, il n'y a plus de barrières. Chacun peut aller de plain-pied dans votre machine politique, ce qui ne se voit qu'en France aujourd'hui.*

« La désorganisation est partout, la hiérarchie que vous voulez n'est jamais une pensée qui puisse sortir des masses, c'est une conséquence de l'accord du Pouvoir et de la Religion; la hiérarchie résulte d'un grand sentiment religieux qui n'existe plus en France. Aujourd'hui, la hiérarchie, si vous en établissiez une, serait un fait momentané qui se briserait et se recomposerait incessamment au gré de l'élection.

« Il est facile de prouver ce que je dis; il n'y a plus en France qu'une seule chose, socialement parlant, qui soit organisée : c'est l'armée.

« Mais à quoi devez-vous l'armée ? au sentiment de l'honneur (*le drapeau*), chose qui n'existe plus en dehors de l'armée... »

Nous ne partageons pas, sur ce dernier passage, l'avis de M. de Balzac. Nous croyons qu'il y a eu de tous temps de l'honneur dans les différentes classes de la Société, et que la magistrature, les fonctionnaires publics, ont compté, à toutes les époques, dans leurs rangs des hommes honorables et des serviteurs dévoués au Gouvernement.

« La royauté constitutionnelle, ajoute l'écrivain que nous citons, sert à créer les résistances qui multiplient les révolutions. »

Il ne nous reste rien à dire sur le *Gouvernement constitutionnel* après ce document, si ce n'est qu'il est une lettre morte du passé, entièrement impossible à réédifier dans l'avenir.

L'Amérique, dans sa constitution, possède une sorte de rouage gouvernemental qui a servi souvent de marotte à certains partis de l'opposition. Nous voulons parler d'une Présidence investie de tous les pouvoirs de l'Empire; mais dont le Chef est rééligible tous les dix ans.

L'histoire elle-même est en contradiction, ce me semble, avec une méthode qui n'offre rien de sérieux, aucune certitude d'avenir.

En effet, l'histoire nous montre, dans les siècles les plus reculés comme dans le passé le plus proche, les nations régies par le système réélectif de leur Chef, dévorées par les discordes intérieures, et en proie aux disputes des ambitieux qui s'arrachaient le pouvoir sans force devant l'étranger.

Ces nations, épuisées par les guerres civiles,

succombant sous le poids de leur annihilement, périssaient enfin par l'invasion.

Il est donc nécessaire, au point de vue de la moralité des populations, de la sagesse du Chef de l'État, de la gloire et de la prospérité nationales, que l'autorité qui gouverne puise sa force dans l'hérédité, c'est-à-dire dans la succession au pouvoir, perpétuée dans une même famille, et non dans le suffrage cent fois renouvelé d'hommes souvent mal inspirés ou subissant, à leur insu, la pression des passions mauvaises.

Il est aussi nécessaire, ajoutons-le, qu'elle puise sa force dans sa volonté, dans sa spontanéité, car dans un pays où le Souverain ne gouverne pas, le pouvoir doit ruser avec les chefs de partis, et appeler à son aide, souvent même pour faire le bien, la corruption et l'intrigue.

Ne trouverait-on pas l'Europe entière coalisée devant un Gouvernement sans pouvoir spontané ?...

Puis, quelle digue opposer aux tentatives des *communistes*, aux batteries de ces prétendus réformateurs du vieux monde, qui ne tendent à rien moins qu'à détruire tous les mondes possibles !

Que peut entreprendre de grandiose, enfin, un Chef nommé pour dix années, surtout avec le contre-poids inévitable d'une Assemblée souveraine !...

Admettons, pour un instant, que la France soit soumise à un Gouvernement électif de dix années ; à quels troubles, à quelles alarmes sans fin ne sera-t-elle pas livrée avant, pendant et après l'élection ?

Pour le prouver, jetons un coup d'œil sur le tableau des faits encore tout récents dont nous avons été les témoins.

Les derniers mois de 1848 ont été remplis par des luttes sauvages.

Pendant les années 1849 et 1850, le pays a a été remué jusque dans ses fondements par les désappointements, par l'action des haines réagissant sur toutes les classes, par les complots des partis extrêmes préparant leurs armes pour la grande bataille de 1852, dont une généreuse et magnanime initiative nous a préservés hardiment.

Ce n'est rien encore que toutes ces calamités ; il faut ajouter le malaise, l'inquiétude universelle, le crédit public et privé compromis ; nous ne parlerons pas des essais sanguinaires tentés pour faire triompher la candidature des ultra-socialistes tels que M. Proudhon ; quelques gouttes de sang de plus ou de moins, la révolution n'y regarde pas.

Résumons :

Deux ans de disputes, de combats acharnés avant l'élection, pour préparer les candidatures ; deux ans, ensuite, d'opposition rancunière, de jalouses vengeances ; le peuple, pendant cet interrègne, travaillé en tous sens, abandonnant son labeur pour la politique de la place publique, se jetant avec la *furia francese* dans l'arène où luttent les compétiteurs pour décider de la victoire ; la misère, la discorde générale en permanence : tel est l'emploi réglé d'un État soumis à une présidence réélective décennalement. Perspective flatteuse et digne des sympathies de MM. Proudhon, Raspail, Blanqui, Victor Hugo et *tutti quanti*.

Entrerons-nous plus avant dans la question?
Soit!

Que trouvons-nous le lendemain de chaque élection nouvelle? — Toutes les fonctions de l'État, toutes les places administratives jetées en curée aux créatures des nouveaux présidents; le pays bouleversé pour satisfaire ces gloutons appétits; les grands services désorganisés, l'unité rompue.

Que de fortunes, que de positions méritées brutalement détruites! — Que de catastrophes dans les carrières brisées de la magistrature, de l'armée, des emplois publics!

Que de misères, de désespoirs produits par la vengeance de la faction dominante!

Quel bouleversement des incapacités et des intelligences! Quel chaos, enfin!...

On se souvient, sans doute, des grotesques commissaires du Gouvernement provisoire, des généraux, des professeurs, des juges rayés des cadres; de toutes les nullités perturbatrices pompeusement investies des fonctions les plus élevées?

Si nous détaillons la conduite du Chef suprême, nous le voyons incapable de rien entreprendre de grand, d'attacher son nom à aucune réforme utile, à aucun projet glorieux.

Les grandes entreprises veulent du temps; le sien, trop long pour le mal possible, est trop court pour le bien à faire; il sait ou doit savoir qu'en haine de sa personnalité les mesures les meilleures provoquées par son initiative seront aussi contre-carrées et annulées par son successeur.

Tout occupé de se défendre contre ses ennemis, de veiller à sa fortune privée, à celle de sa famille, de récompenser ses courtisans dévoués, de déjouer les intrigues qui essayeraient trop tôt de pourvoir à son remplacement, ce chef électif sera peut-être un fort honnête homme; mais il n'aura pas un instant à consacrer aux besoins du pays, aux devoirs impérieux de sa charge.

Nous dépasserions le cadre que nous nous sommes tracé, si nous définissions ici tous les inconvénients du Gouvernement électif temporaire.

Avec le Gouvernement basé sur le principe

héréditaire de la succession, au contraire, le Chef de l'État, prenant le sceptre en vertu de son droit successif, n'a aucune portion de son autorité à délaisser à d'avides partisans.

Les factions sans but, les coteries sans drapeau, les marchandeurs d'élections, se séparent; les ambitieux sans espoir disparaissent dans l'oubli; les prétentions s'éteignent par impossibilité. L'esprit national suit droitement son cours, réglé sur le bon sens; le calme et la tranquillité renaissent.

En possession d'un Pouvoir que nul ne pense à lui disputer, et qui doit se perpétuer dans sa race, le Souverain développe la politique de la France, comme symbole de la grandeur nationale, bercé de la douce espérance qu'un jour ses enfants continueront cette politique qui maintient au premier rang des peuples civilisés.

N'étant esclave d'aucune considération intéressée, pouvant vouer ses instants et ses facultés aux soins de l'État, sans être réduit à consolider son pouvoir et à user sans cesse de rigueur, le Souverain peut mettre à profit les lumières d'hommes supérieurs dont il ne redoute pas le talent, et se livrer sans crainte aux projets glorieux ou utiles qu'il médite.

Sans appréhension de critique ou d'accusation de calcul, il identifie, pour ainsi dire, sa propre fortune à la fortune de l'État. Enfin, avec le Gouvernement héréditaire, point de ces brusques changements de situation, de ces revirements soudains dans l'existence de la population; point de ces élévations scandaleuses, de ces injustes traitements par lesquels un élu récompense ses amis et punit ses adversaires. Une stabilité logique règne dans les positions acquises, résultat du mérite et du travail persévérant.

Quand l'héritier succède au Souverain qui meurt, point de convulsions, point de revirements fatals au bien-être commun, à la tranquillité publique.

La douleur et les regrets d'un côté; de l'autre la confiance et l'espoir : tels sont les signes qui marquent seuls, en cette solennelle circonstance, ce que la France, dans une autre hypothèse, regarderait comme un cataclysme social.

La *légitimité* comptait autrefois parmi les

formes de gouvernement en usage. Aujourd'hui nous n'en parlerons que comme souvenir historique.

La *légitimité*, qui puisait jadis son prestige dans les traditions du passé, ne peut plus s'identifier avec les principes de 1789, acceptés maintenant par toutes les classes de la société. Il serait impossible, d'ailleurs, d'allier les prérogatives nobiliaires à l'égalité civile devant la loi, et de faire concorder l'adjonction des capacités aux fonctions publiques, avec le préjugé qui refusait aux *déshérités* (enfants du peuple et de la bourgeoisie) l'intelligence supérieure, apanage spécial des races nobles.

Puis, en admettant, par nécessité, qu'une restauration consentît à accepter une légère transaction entre le présent et le passé, ce ne serait encore qu'une sorte de *monarchie constitutionnelle*, avec une Charte dont l'exergue serait : DROIT D'AÎNESSE ET HÉRÉDITÉ DE LA PAIRIE.

Toutes ces réflexions, passées au creuset de l'expérience, nous amènent à poser cette conclusion radicale :

1° Un seul régime est aujourd'hui possible en France : la dynastie de Napoléon ;

2° Le Pouvoir revêtu de la double puissance législative et exécutive ;

3° Les prérogatives du Pouvoir placées en dehors de toute délibération, de toute atteinte ;

4° Les Ministres nommés par le Souverain, et irresponsables ;

5° Une Assemblée ou Corps législatif élue par le suffrage du peuple ;

6° Toute intervention dans les mesures gouvernementales, interdite à la Chambre élective pendant le cours de ses travaux ;

7° La publicité des séances retirée à la presse ;

8° Un Sénat conservateur, composé d'hommes vieillis dans les affaires publiques, examinant et sanctionnant les lois ; recevant les pétitions des conseils généraux, des Préfets, des Maires, et transmettant au Souverain le résultat de ses observations, au point de vue de l'ordre et du progrès.

Tels sont les éléments du Gouvernement Impérial, seul capable, comme il l'a prouvé, de donner à la France la gloire et la splendeur qui la placent au premier rang des nations civilisées.

## II

FINANCES.

Les finances sont la fortune de la mère patrie.

Cette fortune se compose :

Des revenus publics, des impôts, du commerce intérieur et extérieur, des dépenses inhérentes à l'État, de la dette du grand livre, des revenus des propriétés de l'État, etc., etc.

Comparons la balance actuelle de nos finances avec celle des Gouvernements précédents.

La constitution financière de la France, sous la monarchie constitutionnelle, avait éprouvé une altération profonde. Cette altération eût semblé contradictoire à cette époque avec l'état prospère du pays; mais chacun savait que Louis-Philippe, d'accord avec la majorité représentative, avait doublé les impôts, et creusé par suite, disons-le, un abîme bien plus terrible que celui qui naguère avait servi de prétexte à la chute de deux dynasties.

Qu'il nous soit permis ici une simple réflexion.

Comment se fait-il que, sous le régime que nous désignons, des ex-révolutionnaires dont le but, disait-on, avait été de remédier aux dilapidations des gouvernements absolus, aient permis, qu'en pleine paix, au milieu d'une prospérité complète, avec un Chef modestement salarié, — en apparence du moins, — et n'ayant pas à sa disposition les revenus de l'État, le budget de 89 ait été triplé, et qu'on ait, sans motif plausible, quadruplé la dette publique?

C'est que l'argent employé jadis par les cours seigneuriales à enrichir des courtisanes, à entretenir de trop luxueuses maîtresses, se prodiguait, sous le roi-citoyen : aux courtisans du pouvoir ; — à des sinécures trop largement rétribuées ; — à la corruption électorale; — à l'achat du silence de tel ou tel journaliste; — à la subvention de telle ou telle industrie, dirigée par tel ou tel député, voguant de la droite à la gauche et *vice versa*, selon que le Pouvoir se montrait plus ou moins généreux envers lui ou les siens; — quelquefois au secours d'une grande infortune, à la réparation d'un grand désastre, etc., etc. — Tel fut le mobile des dilapidations financières du règne de Louis-Philippe.

Aujourd'hui, point de ces tripotages, point de ces corruptions honteuses. Le budget est sagement administré par un Chef intègre qui équilibre l'actif et le passif, et songe, au milieu de la prospérité présente, aux éventualités de l'avenir.

Depuis le commencement du règne de Napoléon III, nous avons payé les dépenses folles de 1848, et le budget énorme nécessité par la guerre de Crimée.

Nous avons tour à tour supporté la disette, l'épidémie et l'inondation.

Des monuments gigantesques sont apparus à nos yeux.

Le vieux Paris s'est transformé, comme par enchantement, en une ville luxueuse, aérée, percée de vastes boulevards, bordés de maisons féeriques.

Les chemins de fer, encouragés par l'État, sillonnent tous les recoins de la France.

Et au milieu des merveilles opérées et de celles qui s'opèrent encore, notre budget présente une balance rassurante, qui garantit non-seulement la sécurité du présent, mais encore la prospérité future.

A qui devons-nous ces bienfaits?

Au génie puissant qui gouverne la France, et que de misérables pygmées osent attaquer dans leurs pamphlets.

Oui, nous le répétons, les travaux gigantesques que nous voyons depuis quelques années sont l'œuvre d'un seul homme, et nous défions M. Proudhon et toute sa science d'*économiste socialiste* de jamais atteindre même au cothurne de Napoléon, le Colbert du dix-neuvième siècle!...

## III

ARMÉE.

Bien des systèmes ont été émis depuis vingt ans sur l'organisation de l'armée; sans contredit, le meilleur est celui qu'on applique en France depuis deux ans.

Il offre aux militaires d'immenses avantages, à l'État une sécurité plus grande, au trésor une économie réelle; il satisfait aux vœux de tous les hommes de bien qui considèrent l'armée comme le seul centre où la loyauté soit réellement un fait, et l'honneur un drapeau.

Jetons un coup d'œil rapide sur cette organisation.

La durée du service militaire reste toujours fixée à sept ans; seulement, en temps de paix, le soldat ne passe que deux années sous les drapeaux et obtient un congé temporaire pour retourner dans ses foyers.

Mais, comme il fait toujours partie des cadres de l'armée, en cas de guerre ou de toute autre nécessité impérieuse, il peut être rappelé sur un ordre simple du ministre de la guerre.

Avec ce système sagement raisonné, l'ouvrier ne perd nullement l'habitude du travail; il ne désapprend pas le métier qu'il exerçait avant de tomber au sort; l'agriculture gagne des bras, les familles des soutiens; puis, d'autre part, les contingents étant ainsi beaucoup plus forts, ils peuvent fournir au besoin un plus grand nombre de citoyens sachant manier le fusil, et pouvant être, à tous égards, utilement employés à la défense de la patrie.

En ce qui concerne la question du remplacement, si longtemps diatribée par les phraseurs de toutes les époques du dix-neuvième siècle, elle a été résolue d'une manière satisfaisante pour tout le monde, par la loi nouvelle d'exonération et la *Caisse de la dotation de l'armée*.

Cette loi a fait cesser les honteux trafics de chair humaine, cette traite des blancs organisée au profit d'ignobles exploiteurs, surnommés *marchands d'hommes*.

Elle a donné une sécurité complète au remplacé comme au remplaçant.

Du remplaçant, déjà éprouvé par un congé, elle a fait un soldat estimable et estimé, au lieu, comme autrefois, d'un recruté dans les bas-fonds sociaux.

Elle lui a assuré aussi une position pécuniaire augmentée, dans l'avenir, de la solidarité qui existe entre tous les membres de la belle famille qu'on appelle l'ARMÉE.

Nous ne parlerons qu'en passant, et à titre d'hommage, de la création d'une Médaille militaire, qui, outre la gloire qu'elle comporte en elle-même, assure cent francs de rente au brave qui a su la mériter.

Cette Médaille complète heureusement la série des améliorations apportées dans l'armée, au point de vue du service, du casernement, du régime d'habillement, etc., améliorations qui prouvent que Napoléon III est non-seulement le bienfaiteur qui veille sur les enfants de la France, mais encore s'occupe particulièrement de nos glorieuses phalanges, avise à leurs besoins matériels, et leur prépare un avenir honorable et honoré, à l'abri des inquiétudes et de toutes les misères.

LOUIS XIV A CRÉÉ LES INVALIDES!....
NAPOLÉON III A CRÉÉ LA CAISSE DE LA DOTATION DE L'ARMÉE!....

Répondrons-nous maintenant, sur ce chapitre, aux honteuses déclamations du livre de M. Proudhon?

Nous nous contenterons, pour le moment, de mépriser outrageusement de semblables monstruosités.

L'armée, symbole d'honneur et de gloire française, l'armée composée du sang le plus pur et le plus généreux de notre nation, insultée par un pamphlétaire!...

Ce serait à rire de pitié, — si l'on ne devait

4

sévèrement châtier les hommes assez dépravés pour n'avoir plus au cœur le sentiment de la nationalité et l'amour de la patrie !

Au reste, quoi d'étonnant à cela !

En 1849, une fausse dépêche, parvenue à Paris, annonça l'anéantissement de l'armée française devant Rome. — Les *républicains socialistes* d'alors illuminèrent ; ce fut une joie générale dans le camp de ces énergumènes lorsqu'ils crurent être certains que nos frères, nos fils, nos amis, nos compatriotes, venaient d'être anéantis, et que notre drapeau, le drapeau d'Arcole et d'Iéna, avait été foulé honteusement aux pieds par les sicaires de la République romaine !...

Un autre fait, non moins révoltant, se passa à Paris, peu de temps après.

Un maréchal de France, illustre par ses services, par ses conquêtes en Algérie, par sa bravoure enfin, mourut, frappé malheureusement par le fléau destructeur qui ravageait alors la France. Eh bien, le croirait-on ? dans un banquet, un des plus notables champions de la *république démocratique et sociale* osa porter ce toast impie, qui fut répété aux acclamations frénétiques des *banqueteurs* en délire :

*Bugeaud est mort; je bois au choléra !...*

Honte et infamie sur de pareils actes !

Ils déshonorent un parti et en dégradent les adeptes.

Sans vouloir les excuser, on pourrait néanmoins leur trouver comme palliatif l'exaltation du moment.

Mais aujourd'hui, au milieu du calme des idées, quand chacun a repris l'équilibre de sa raison, que dire d'un philosophe, d'un prétendu réformateur, qui jette la bave de l'injure sur nos soldats couverts de nobles cicatrices reçues en défendant l'honneur du drapeau français !...

Chapeau bas, monsieur Proudhon, devant la bravoure !

Chapeau bas devant les poitrines décorées de l'étoile de l'honneur !

Chapeau bas devant les défenseurs de notre société, menacée par les spoliateurs dont vous vous faites l'organe !

Chapeau bas ! chapeau bas !

Car il vous appartient moins qu'à tout autre, — vous, dont la mission semble être de détruire l'édifice social, de fouler aux pieds les saintes traditions de la famille et de la religion;

Car il vous appartient moins qu'à tout autre de chercher à salir, par vos théories machiavéliques, ce qu'il y a de plus loyal, de plus respectable en France : l'ARMÉE.

Chapeau bas, monsieur Proudhon, devant cette devise :

HONNEUR A L'ARMÉE FRANÇAISE !

IV

MINISTRES.

Sous la Monarchie constitutionnelle les Ministres étaient les agents responsables du pouvoir.

Le Monarque les choisissait ordinairement dans le sein des Chambres, et ils devaient presque toujours leur portefeuille à une coterie faisant majorité en leur faveur.

Ils étaient chargés de soutenir les luttes parlementaires, de supporter les tempêtes politiques au sein des assemblées; et, lorsqu'un projet avortait, soit par son impopularité, soit par l'effet d'une intrigue, le ministère était impitoyablement sacrifié.

Il est vrai qu'en compensation de l'échec moral éprouvé il avait le droit de passer dans les rangs de l'opposition...

C'est ainsi que MM. Thiers, Molé, Guizot, Dufaure, Odilon Barrot, Salvandy, Cousin, Villemain, furent tour à tour membres conservateurs et de l'opposition, selon qu'ils étaient candidats ou titulaires d'un portefeuille.

Aujourd'hui, les Ministres sont les mandataires de l'Empereur, qui les choisit en dehors de toute intrigue et de toute coterie.

Ils sont chargés de recueillir, dans leurs diverses attributions, — par l'intermédiaire des Préfets ou des autres fonctionnaires publics, — tous les renseignements administratifs qui ont rapport au Gouvernement de la France.

Ils doivent mettre ces renseignements sous les yeux de l'Empereur, et concourir dans la mesure de leurs lumières, — par des rapports circonstanciés, — à l'élaboration des projets de lois qui en découlent.

Par des circulaires ministérielles, ils doivent aussi rappeler l'esprit de ces lois aux fonctionnaires placés sous leurs ordres et les engager à en surveiller l'exécution.

Le nombre des Ministères, à notre époque, est de sept. Ils sont divisés ainsi qu'il suit :

1° Le Ministère d'État et de la Maison de l'Empereur, chargé de la direction des beaux-arts et des théâtres;

2° Le Ministère des Affaires étrangères et des Colonies;

3° Le Ministère de l'Intérieur et de la Sûreté générale;

4° Le Ministère de la Justice;

5° Le Ministère du Commerce et des Travaux publics;

6° Le Ministère des Finances;

7° Le Ministère de l'Instruction publique et des Cultes.

Telle est l'organisation appelée à aider le Chef de l'État dans ses hautes fonctions administratives.

Les Ministres ne sont responsables de leurs actes que vis-à-vis de l'Empereur, des Commissaires du Gouvernement étant chargés de soutenir les projets de lois devant le Conseil d'État, le Sénat et le Corps Législatif.

De cette façon, le Ministère se trouve en dehors des agitations politiques, peut travailler sagement dans le calme et la retraite, étudier les questions sociales, résoudre impartialement les points contestés soumis à son examen, et, lorsque son travail préparatoire est terminé, le soumettre avec sécurité à la sanction suprême.

Les hommes de désordre, les écrivains révolutionnaires, auxquels se sont joints quelques niais entachés du vieux levain de libéralisme, ont prétendu que, sous le régime actuel, les Ministres n'étaient que des commis soldés, maîtres ni de leur volonté ni de leurs actions, et qu'un caprice pouvait impunément briser ou élever.

C'est une erreur profonde que nous allons détruire en peu de mots.

Les Ministres sont plus libres que jamais

dans leurs opinions ou dans leurs actes. Dépositaires des lois, ils ont tout pouvoir pour les faire exécuter. Aucune Assemblée, aucune coterie n'a le droit de leur imposer d'amendement, et de vote de confiance ou de défiance. Le Chef de l'État s'éclaire de leurs lumières; et, s'il juge d'après ces lumières devoir formuler un projet de loi, le Ministre spécial est chargé de lui présenter un rapport qui sert de prolégomènes au projet lui-même.

Je le répète donc, les Ministres sont plus libres que jamais, car leur mission n'est pas de servir d'enjeu à telle ou telle intrigue, mais de concourir au bonheur général, par un travail consciencieux et indépendant, dans lequel n'entre aucune autre opinion que celle du bien public et l'honneur du pays.

S'il arrive par hasard une divergence d'idées avec le Chef de l'État, elle ne peut porter que sur des points de détail, qu'il importe peu pour la liberté du Ministre de voir se résoudre dans tel ou tel sens.

Enfin, Chef de l'État et Ministres étant unis aujourd'hui par une même pensée : *Ordre so-*

cial, *Bonheur du peuple, Gloire nationale*, ils sont parfaitement libres, car, un profond philosophe l'a dit :

*La Liberté est partout où s'accomplit le devoir.*

## V

LA JUSTICE.

Aussi parfait que soit un Gouvernement, aussi complet que soit un Code de lois que la magistrature est chargée de mettre en vigueur, il ne peut se faire autrement qu'il y ait, surtout dans un Empire aussi grand que le nôtre, des intelligences à forfaits, à crimes, à injustices, à passions.

Il ne peut se faire autrement qu'il y ait :

Des destructeurs de toute organisation sociale ;

Des misérables complotant dans l'ombre d'odieuses tentatives contre la vie du Chef de l'État, érigeant l'*assassinat politique* en principe, et le proclamant le plus *saint des devoirs* dans leurs sociétés secrètes ;

Des écrivains assez osés pour saper la Famille, la Religion, la Propriété, ces trois grands principes qui furent, de tous temps, la base fondamentale des nations.

Mais, si une loi fatale de l'humanité a créé des êtres portés instinctivement au mal, n'ayant nulle crainte de Dieu, et niant sa suprématie, par cela même qu'ils n'appréhendent pas ce qu'ils ne voient pas, il est de ces mêmes êtres qui redoutent la justice des hommes, par cela même qu'elle est d'un effet physique plus direct, et que, si elle n'arrête pas toujours chez eux la complète perpétration du crime, elle est une garantie du moins contre l'envahissement des hordes criminelles.

De là la nécessité impérieuse d'une autorité puissante, qui possède la force nécessaire pour protéger le faible contre le fort, l'opprimé contre l'oppresseur, le spolié contre le spoliateur, l'homme paisible contre le perturbateur, l'homme d'ordre contre les meurtriers, les pillards et les incendiaires.

Cette autorité, nommée Justice, doit être dans les mains du Chef de l'État, qui choisit, parmi les hommes les plus éclairés et les plus intègres du pays, des magistrats chargés de répartir la somme des peines et des récompenses, entre tous les citoyens, au même degré d'égalité et de solidarité.

Ainsi donc, en France :

La Justice émane directement de l'Empereur, au nom duquel elle se rend, et qui, seul, a le droit de grâce;

Elle est mise en vigueur par des Tribunaux, selon les lois existantes.

Par conséquent, celui qui attaque la Justice attaque le Chef de l'État, et commet un violent outrage à la morale publique, car la Justice n'est autre que le respect de *l'homme par l'homme*.

Avant d'expliquer pour quels motifs le Chef de l'État a cru devoir déférer aux Tribunaux correctionnels certains crimes et délits, autrefois du ressort d'une haute Cour de justice, ou tout au moins de la Cour d'assises, voyons d'abord quels sont ces crimes et délits.

Ce sont :

1° Les délits de presse au point de vue de la morale, de la politique et de l'économie sociale;

2° Les attaques à la société, les outrages au Chef de l'État, aux Fonctionnaires publics, aux Magistrats, à l'Armée, à la Religion;

3° Les tentatives coupables contre le repos public, ou de nature à inquiéter la marche du Gouvernement; soit que ces tentatives aient été commises directement, sous forme de conspiration, suivie ou non d'effet, soit qu'elles aient été suscitées par la voie des journaux, livres, pamphlets ou autres.

Revenons aux motifs promis plus haut.

Sous le dernier règne, les crimes d'État étaient jugés par la Chambre des pairs, les crimes politiques simples par la Cour d'assises.

Mais de graves inconvénients résultaient de ce système.

D'abord les coupables s'érigeaient en martyrs, et obtenaient la célébrité, but de leurs désirs. Puis les débats irritants, inévitables dans les grands procès politiques, soulevaient les passions, troublaient l'ordre des idées, et faisaient du pays une vaste arène, où chaque parti livrait une guerre impitoyable au Gouvernement, et, par cette tactique, fomentait la Révolution.

Il est vrai, comme compensation, que plus d'un homme de talent a dû sa carrière à ces débats solennels, que plus d'un avocat a conquis un portefeuille ou une place de procureur général ; mais sous le Gouvernement de l'Empereur, il n'est permis à aucune ambition, quelque illustre qu'elle soit, d'échafauder sa position sur le désordre public, sur la perturbation et le scandale.

Les fonctions importantes de l'État sont accordées aujourd'hui à des hommes intègres, capables et pratiques ; et n'ayant nul besoin d'un piédestal échafaudé sur des procès honteux pour la civilisation et l'honneur du nom français.

Aussi le Pouvoir, ne puisant plus sa force dans la corruption, a-t-il amoindri le rôle des accusés et des avocats.

Le Tribunal correctionnel examine méthodiquement les faits ; le Procureur général présente l'accusation ; l'avocat, dans les limites du droit et de la loi, défend l'accusé ; si l'accusé est coupable, il est condamné ; s'il est innocent, il est rendu à la société, et la *Gazette des Tribunaux* enregistre l'exposé des motifs et le texte du jugement.

Point de scandale, point d'irritation, point de polémique ; de la justice froide, impartiale, raisonnée, de la vraie justice enfin.

D'autres améliorations ont encore été introduites par le régime actuel dans le Code judiciaire.

L'inamovibilité de la magistrature a été maintenue en principe ; seulement les magistrats investis de hautes fonctions sont admis à la retraite passé l'âge de soixante-quatorze ans.

Cette mesure est sage ; car, tout en respectant l'expérience, elle permet de laisser pénétrer dans la carrière les hommes de progrès et d'actualité ; elle crée l'avancement et l'émulation aux jeunes gens, et permet aux vieillards de goûter un repos légitimement acquis par leurs nobles et laborieux travaux.

Une autre innovation qui a été réglée, développée et encouragée, c'est l'assistance judiciaire.

Autrefois le pauvre pouvait rarement se faire rendre justice. Il lui eût fallu pour cela faire les premiers frais d'un procès, et, l'argent manquant, il était obligé d'abandonner une cause qu'il eût souvent gagnée, et de laquelle dépendait l'avenir de sa famille.

Tous aujourd'hui, pauvres ou riches, ont droit à la Justice. Et si, comme dans toute organisation, les frais primitifs sont indispensables, il suffit au plaignant ou au défendeur de prouver son impossibilité de payer, pour obtenir gratuitement les éléments nécessaires à la défense de la cause, savoir : avoué, notaire, avocat, actes, en un mot tout ce qui compose un débat judiciaire.

Napoléon III, par cette innovation, a consacré d'une façon radicale le grand principe de 89 : *l'Égalité civile devant la loi.*

Il nous eût été possible, comme conclusion à

ce chapitre de notre travail, de prendre à partie l'odieux passage du livre de M. Proudhon sur la *Justice*; mais nous croyons qu'il est préférable ici de le rétorquer par des faits, et non de lui donner une extension qui entraverait pour le moment la marche de notre travail.

Toutefois nous dirons :

Notre justice, à nous, monsieur Proudhon, est celle des *honnêtes gens !*

La vôtre est la *justice des assassins !*

## VI

### L'ENSEIGNEMENT.

L'Enseignement est un bienfait de la civilisation.

Pour être national, il doit être libre, c'est-à-dire conforme aux vœux des chefs de famille, et selon la volonté de tous les citoyens, en se conformant néanmoins aux lois de la société et de la morale.

Ce principe de la liberté de l'Enseignement, consacré dès l'avénement de Napoléon III, a fait cesser les longues et interminables discussions du Gouvernement parlementaire de Juillet.

Nous avons deux sortes d'Enseignement :

L'Enseignement supérieur ;

L'Enseignement primaire.

Le premier, qui comporte, en outre des éléments du second : l'étude des langues grecque et latine, la philosophie, les hautes mathématiques, le baccalauréat ès lettres et ès sciences, appartient à l'Université, et ouvre la porte de toutes les carrières.

Cet Enseignement est l'apanage des grandes familles, des classes aisées, qui peuvent laisser leurs enfants au Collége jusqu'à la fin de leurs études, et de là, les lancer dans le barreau, dans les sciences, dans la magistrature, etc., etc.

Il est organisé enfin de façon à peupler d'hommes éminemment instruits les pépinières dans lesquelles chaque branche du Gouvernement vient recruter les éléments nécessaires à son organisation et à son développement progressif.

L'Enseignement primaire se compose de : la lecture, l'écriture, l'orthographe, la géographie, l'histoire, la comptabilité, quelques notions de mathématiques et de géométrie.

Ce mode d'éducation est mis à la portée des

classes ouvrières, et leur ouvre aussi la porte de certaines carrières où elles peuvent s'illustrer facilement.

Il a de plus l'avantage de ne pas imposer d'études incompatibles avec le temps qu'on peut y consacrer;

De n'inculquer que des connaissances utiles dans l'art ou la profession qu'on veut embrasser;

De ne pas exciter d'ambition démesurée qui fasse abandonner pour l'incertain le travail, source féconde du bonheur public, richesse de toutes les nations.

Combien avons-nous vu d'ouvriers, grâce à l'Enseignement primaire, conquérir un rang élevé dans la hiérarchie sociale !

Combien avons-nous vu d'industriels, par le même mobile, exécuter de gigantesques travaux, et mériter la croix d'honneur, ce glorieux symbole créé par Napoléon I<sup>er</sup> !

N'en déplaise aux récriminations *démocratiques socialistes*, n'en déplaise à M. Proudhon lui-même, l'Enseignement primaire est mille fois préférable aux utopies prônées par les orateurs de clubs et de tavernes.

Voilà leur Enseignement, à ces orateurs :

*Instruction égalitaire; — politique; — sociale; — économique; — littéraire; — scientifique; artistique; — mécanique; — mais gratuite.*

Il est inutile d'ajouter qu'avec ces théories charmantes nous n'aurions plus que des prétendus savants, discutant du matin au soir, — *unguibus et rostro*, — sur les sciences, les arts, les lettres, et abandonnant par amour-propre, pour l'étude de la philosophie rêvassière, ou du droit japonais ou chinois, le travail manuel et l'agriculture, ces points fondamentaux de l'existence humaine.

Heureusement le bon sens public a fait depuis longtemps l'auto-da-fé de ces utopies socialistes, et les ouvriers ont enfin compris qu'à leur tour, et simplement par l'Enseignement primaire, ils peuvent conquérir un blason illustre aussi :

Le blason du travail.

Nous ne parlerons pas ici de l'Enseignement religieux, cette matière devant être traitée dans le chapitre ayant pour titre : La Religion.

## VII

### LA PRESSE.

L'un des problèmes les plus difficiles à résoudre, peut-être, pour tous les Gouvernements, depuis plus d'un demi-siècle, a été celui de la Presse.

En France, le sentiment national, à l'exception de quelques utopistes, réunit tous les hommes dans une même pensée : *la défense et la gloire de la mère patrie.*

Mais, à côté de cet esprit général, se trouve l'esprit personnel de parti qui crée une opposition systématique au Chef de l'État, quelle que soit son origine ou son essence politique.

Cet esprit de parti, corollaire obligé du caractère aventureux des Français, a fait de la Presse une arme terrible, destructible de tout principe de l'*ordre*, cette base fondamentale des Empires, des Monarchies, voire même des Républiques.

Les Gouvernements ont tour à tour été obligés de sévir contre la Presse et de lui enlever sa liberté d'action; les uns par la violence, les autres par une sage domination.

Ainsi :

La Convention faisait trancher la tête aux écrivains qui osaient écrire contre elle;

Le Directoire les faisait déporter;

Napoléon I*er* les avait soumis à un Comité d'examen qui pouvait au besoin demander leur suppression, ratifiée dans ce cas par un décret de l'Empereur;

La Restauration avait établi une Censure rigoureuse pour la presse;

La Révolution de juillet 1830, — faite au nom de la *Liberté de la presse!* — avait créé pour les journalistes, par ses lois de septembre, tout un Code d'amendes, d'emprisonnement et de confiscation;

La République de 1848, à peine ébauchée, fut obligée de réclamer contre eux des lois répressives, au nom de la sécurité publique ;

Le Gouvernement de Napoléon III, plus sage et plus tempéré que les autres, a, par une forme toute paternelle, quoique énergique au fond, imposé à la Presse une série de devoirs dont elle ne doit pas se départir : le respect des lois et de l'autorité ; — la discussion calme et modérée des principes sociaux ; — l'appréciation sage et honnête des actes du Pouvoir, de la Magistrature et de l'Administration ; — une polémique dont les termes ne puissent jamais exciter la haine entre les citoyens.

En un mot, par de sages institutions, sans procès scandaleux, sans mesures rigoureuses ni spoliation, il a ramené la Presse dans ses justes limites, et préservé la France de ces agitations sourdes qui nuisent au développement de l'industrie, paralysent les transactions, annihilent le commerce et placent le pays dans un état révolutionnaire permanent.

Quelques esprits timorés, derniers tronçons d'un libéralisme passé de mode, objecteront sans doute : que le Gouvernement a aussi le droit d'avoir sa Presse pour se défendre; que si, d'un côté, il la trouve factieuse, elle a le droit, elle, de le trouver oppresseur; qu'un pays peut être agité par une transformation politique ou par un besoin de progrès social, et qu'alors le Pouvoir ne saurait avoir le droit de limiter la discussion, par conséquent de gouverner la Presse.

Nous répondrons à ceux-là :

1° Que toutes les fois que de pareilles agitations se sont produites, le résultat des discussions politiques de la Presse a été la Révolution; et qu'à la suite de cette Révolution les mêmes écrivains *révolutionnaires de la veille,* devenus *conservateurs du lendemain,* ont demandé avec acharnement de sévir contre ce qui avait servi de marchepied à leur élévation : LA LIBERTÉ DE LA PRESSE.

2° Qu'un Gouvernement dont le but est de rendre son peuple heureux, de gagner l'estime du pays par une administration honnête et consciencieuse, de rendre à chacun une impartiale justice, de protéger le faible contre l'oppression du fort, d'encourager l'agriculture et le commerce, de développer les arts et le progrès ; qu'un Gouvernement, disons-nous, doit, pour réaliser toutes ces choses, se débarrasser des étreintes de la Presse, et surtout de la Presse criarde et tracassière, dont les apôtres sont des piliers de café et de cabaret, et les séides des incapacités ambitieuses, méditant leur élévation sur les décombres fumants d'une *République démocratique et sociale.*

Notre conclusion est donc, qu'en mettant un frein aux passions démagogiques de la Presse, en la moralisant, on obtiendra d'elle une discussion calme et approfondie qui éclairera les questions en litige, instruira les citoyens par des vues raisonnées, et fera du Peuple français un peuple véritablement libre, grand, magnanime, respectant l'*Ordre dans la Liberté*, et mettant en pratique cette sublime maxime :

*Les droits du citoyen s'appuient sur ses devoirs.*

Maxime qui vaut bien, ce nous semble, celle de M. Proudhon et de ses amis :

*L'Insurrection est le plus saint des devoirs.*

# TROISIÈME PARTIE

## L'ÉGLISE

(Réfutation des pages 252, 358, 458 et 451 du tome I<sup>er</sup>; — 35, 59, 447, 540 du tome II; — 187, 269, 299, 316 et 320 du tome III, ainsi que de la brochure intitulée : *Pétition au Sénat*. — Voir le jugement et l'exposé des motifs.)

Dans l'Ordre politique, dans l'Ordre social, ces deux mots : *Église, Religion*, ont la même signification, la même valeur intellectuelle, philosophique et morale; aussi nous servirons-nous tour à tour, dans ce chapitre, du mot *Église* ou *Religion* indistinctement.

Qu'est donc l'ÉGLISE ? — Au point de vue des nations qui possèdent le sentiment réel de la Divinité :

L'Église est la fille de Dieu, l'épouse du Christ, la mère des peuples.

Toutes les sociétés civilisées sont organisées sous ses auspices; et cela se comprend, puisque, la Religion étant elle-même le progrès social, aucune société ne saurait exister sans elle. — Les digressions et les enseignements de l'histoire démontrent, par une évidence convaincante, la vérité de cette assertion.

Un philosophe a dit :

« Quelles qu'aient été les nations, n'importe les différences des constitutions qui les aient régies; quel qu'ait été l'esprit de leurs peuples, elles ont toutes, et en tout temps, adopté un culte particulier à rendre à la Divinité. »

A l'appui de notre conviction, arrêtée sur l'indispensabilité et la mission toute progressive de la Religion, nous allons en faire l'historique, en prenant notre point de départ des temps anciens.

La Constitution romaine, abreuvée d'orgies et d'esclavage, de férocité et de luxure, énervée par les abus, se démembrait dans une déplorable anarchie.

Asservis par les légions des Empereurs païens, les barbares conspiraient à la destruction d'un monde dont la civilisation ne s'était encore témoignée pour eux que sous la forme de cruautés. Dépourvu de la force qui jadis avait fait sa puissance, le peuple tendait la tête aux égorgeurs dans les arènes; toute idée de conservation avait disparu.

L'âge de fer semblait renaître de son anéantissement primitif, lorsque, de chaque cité menacée, des hommes d'élite se montrèrent. Ils allèrent au-devant des barbares, séjournèrent dans leurs camps, se joignirent à leurs marches, et, prêtres romains, sans armes devant ceux qui avaient brisé le glaive des légions, ils présentèrent le Crucifix aux vainqueurs; et les vainqueurs, jetant leurs framées, s'agenouillèrent en demandant le Baptême.

L'intelligence alors reprit ses droits sur la force brutale; et, quand vainqueurs ou vaincus, mêlés dans une fraternelle étreinte, ne formèrent plus qu'une même famille, on comprit que les labeurs de l'antiquité n'étaient pas perdus, et que l'invasion, loin d'anéantir les conquêtes scientifiques du genre humain, avaient élargi le cercle des peuples que devait éclairer la lumière intellectuelle.

De là naquit la fusion de la vieille race dégénérée avec les nations vierges qui devaient transmettre, en les régénérant, le plus pur des mœurs, des arts et des sciences du monde ancien.

L'histoire a constaté l'élan donné par l'Enseignement sacerdotal. Car, nous devons le dire de suite, ces prodiges furent accomplis par les Prêtres d'une Religion récente alors, et qui fut d'abord accueillie par des supplices et le mépris général.

Mais le principe qu'enseignaient ces Prêtres était si beau, qu'à son apparition seule la colère des barbares disparut.

Sous l'inspiration de ces disciples d'un Dieu mort pour le salut du monde s'éleva un temple merveilleux, avec son clocher et ses cérémonies touchantes.

Sous leur direction, on vit les travaux publics s'accroître, les pauvres mis à l'abri du besoin, les Pèlerins secourus, les Missionnaires secondés dans leur sublime apostolat ; et le Clergé catholique compta bientôt parmi les corps qui ont le plus efficacement concouru, sur la terre, au progrès intellectuel et social.

L'Église, après avoir dompté les barbares, prit naturellement place au conseil de ces peuples qu'elle avait convertis, et, la reconnaissance et la foi aidant, ces derniers lui confièrent une portion importante de leurs intérêts coalisés.

Elle devint dès lors l'alliance indissoluble des deux mondes, ancien et nouveau.

Les Disciples du Christ, appelés à la direction de l'État, donnèrent, pendant une période de deux siècles environ, par leur entente des besoins sociaux et par leur équité, des exemples que l'histoire moderne a recueillis; et partout les Souverains, guidés par leurs conseils, prodiguèrent à leurs sujets les bienfaits d'une sage administration.

Lorsque Charlemagne advint au trône, il ceignit à Rome sa triple couronne, et donna au représentant de Dieu sur la terre, au Pape, qui l'avait sacré, la souveraineté du territoire de la Ville sainte.

Il associa à son intelligence créatrice le Clergé de son Empire, et, sous son règne, on vit s'accomplir de grandes choses. Il mit au jour les impérissables monuments de ses vastes idées, et c'est des prêtres que lui vinrent ces lois fameuses, ces Capitulaires et ces décrets qui l'illustrèrent dans la postérité.

C'est alors que l'on vit briller de beaux génies ecclésiastiques, qui donnèrent l'impulsion aux génies des autres époques et à la civilisation moderne.

Mais le moyen âge arriva, c'est-à-dire la suprématie de la force sur l'intelligence. Après avoir opposé ses efforts à l'établissement de la féodalité, le Clergé se dévoua à l'adoucissement des mœurs, à l'extinction de la brutalité, et à la conservation des arts et des sciences pour un temps meilleur.

Impuissante à contenir les passions qui débordaient de toutes parts, la Religion, au nom du principe divin de charité, défendit l'opprimé contre l'oppresseur. Elle prêcha la soumission aux décrets de la Providence, l'égalité devant un Dieu suprême, l'espoir d'une vie meilleure, la punition des crimes, la récompense des vertus. C'était une mission périlleuse, mais d'autant plus noble qu'elle encourait plus de dangers de la part des féodaux qu'elle froissait.

La Religion ne se rebuta point ; et, lorsque plus tard elle s'aperçut que le monde retournait aux principes sauvages, que le progrès stationnait, que les peuples s'énervaient dans l'oisiveté et l'ignorance, elle suscita les Suger, les Pierre l'Ermite, les saint Bernard, qui avec le cri sublime de : *Dieu le veut !* entreprirent les Croisades qui devaient délivrer le Tombeau du Christ des mains des infidèles, ramener les vassaux rebelles à l'obéissance souveraine et donner naissance à l'affranchissement des communes.

Les Croisades furent une idée grandiose ; elles touchaient à la Politique autant qu'à la Religion, et leurs résultats admirables furent et seront glorifiés dans tous les âges.

Créatrice de la société première, la Religion ou l'Église a jeté les premières bases des droits et des devoirs réciproques auxquels nos pères ont dû leur grandeur, et que nous défendons contre une barbarie nouvelle, l'École socialiste de M. Proudhon.

Passons aux époques moins reculées de la

Monarchie et de la Révolution, et voyons l'influence que l'Église exerça sur les destinées de la France.

Les Croisades avaient préparé les voies à la réunion, sous un pouvoir unique, de toutes les provinces démembrées.

Jeanne d'Arc, suscitée par la Religion, embrasa la France d'un saint enthousiasme ; et, chassant l'étranger, sauva la patrie.

La Religion, sauvegarde de l'humanité, tempéra, d'un côté, les instincts irascibles des rois, et, de l'autre, excita leur courage. Louis XII dut l'éclat de son règne à son ami l'évêque Georges d'Amboise.

Mais, si l'Église eut ses triomphes, elle eut aussi ses épreuves et ses orages. Calvin et Luther, poussés par l'orgueil et l'ambition, se révoltèrent contre leurs chefs spirituels, et fomentèrent les guerres de la Réforme religieuse. La lutte fut longue et terrible. L'Église défendit ardemment son dogme saint, et sortit triomphante de l'épreuve. Certes, elle mérita bien des civilisations, car elle était le principe conservateur que seule la foi véritable sait inspirer.

Les guerres religieuses terminées, l'Église reprit son œuvre de pacification ; elle réprima les éléments de révolte, régularisa l'administration intérieure, organisa l'uniformité du Gouvernement sur tous les points du territoire, et, après s'être personnifiée dans Richelieu, atteignit cette phase splendide pour elle de l'épopée de Louis XIV.

Citerons-nous les noms de Bossuet, Fénelon, Bourdaloue, Massillon, ces prêtres, ces intelligences sublimes, qui apparaissent comme le type du génie de la France !

Qui donc ose attaquer l'Église, quand elle a produit de tels hommes ?

Louis XIV, ce roi si absolu dans ses idées, l'a toujours consultée sur les questions gouvernementales, et dans les circonstances graves. La sanction de l'Église était celle du peuple, dont elle était l'expression la plus vraie.

Parlerons-nous des Vincent de Paul, des François de Sales, ces apôtres de charité ? — Ils nous amèneraient naturellement à dire que l'Église a constamment élevé la voix en faveur des classes pauvres et laborieuses ; qu'elle a fait cesser plus d'un abus; qu'elle a souvent adouci les rapports entre les petits et les grands; qu'elle a toujours enfin désiré la paix, la gloire et la dignité de la France.

Plus nous avançons dans l'histoire, plus le rôle de l'Église devient difficile, et par conséquent méritoire, car c'est alors que s'est dévoilée tout à fait sa piété douce et tolérante, et sa bienfaisance à toute épreuve.

Les factions un jour se relevèrent contre elle, qui de tout temps les avait terrassées; et, sachant bien qu'elle était puissante de son droit divin, ce n'est pas en face qu'elles l'attaquèrent, mais sous le masque d'abord, et par une ruse envieuse que la rage faisait intelligente.

L'Église vit peu à peu railler ses plus chères affections, ses plus saintes croyances; les factions arrachèrent des âmes tous les sentiments généreux, tous les bons instincts, et ne laissèrent à la place que haine et furie contre tout ce qui avait une apparence de vertu.

Ère de mémoire néfaste, 1789 arriva. Fidèle à ses traditions et peu soucieuse du péril, l'Église, chef naturel des trois ordres qui composaient les États généraux, l'Église se préserva seule de la fièvre de changement dont s'embrasèrent tous les cerveaux.

Elle ne fit pas défaut à la lutte dans les mauvais jours; elle fut au contraire admirable de vaillance et d'énergie. Et l'avenir de proscription qui lui était réservé ne l'empêcha pas de combattre pied à pied les mesures qui plongeaient la France dans le désordre et l'anarchie.

On la dépouilla de ses biens; ses membres furent mis à mort; elle supporta tout avec le courage d'une conscience sans reproches. Mais, lorsqu'on voulut lui faire abjurer ses maximes, elle refusa le serment, et préféra cesser d'exister comme corps social, plutôt que de mentir à la foi jurée. Elle prit la route de l'exil, et endura toutes les souffrances, donnant au monde l'exemple admirable d'une fidélité inviolable.

Loin de la France, elle pria pour la patrie, et attendit patiemment le jour où le bon sens public ferait justice des massacres, des banqueroutes et des lois absurdes placées sous l'invocation de la déesse Raison.

Ce jour arriva.

Un génie illustre, Napoléon Ier, restaura, sur les débris encore fumants de l'anarchie, un Gouvernement fort, s'appuyant sur l'Ordre, la Morale et la Religion.

Avec ce sentiment des grandes choses qui lui était instinctif, il comprit que la seule base solide de la reconstitution sociale était l'Église, dont l'action bienfaisante, moralisatrice, était seule capable de ramener le peuple dans le sentier du devoir. Il rappela les Prêtres, et, dans leur inépuisable charité, ils revinrent se vouer à la conversion de la nouvelle France.

Napoléon fut alors surnommé, à juste titre : LE FILS AINÉ DE L'ÉGLISE.

Après le désastre de Waterloo, la Restauration comprit à son tour la puissance de l'Église, et s'appuya complétement sur elle.

Malheureusement, d'un côté les révolutionnaires inquiétant le Pouvoir, de l'autre le Gouvernement royal, croyant se rendre maître de la *coalition*, recourut à des mesures extrêmes. Ce fut une faute qui détermina sa chute, et nous plongea encore une fois dans la Révolution.

Le duc d'Orléans ramassa le sceptre dans

les barricades, et, secondé par les anciens membres de la Société *Aide-toi, le ciel t'aidera*, dont faisaient partie MM. **Laffitte, Casimir Périer, Odilon Barot, Audry de Puyraveau, Mauguin**, etc., etc., il se fit poser la couronne de France sur la tête, avec le titre de *Roi-citoyen*.

Élève de l'école voltairienne, le **duc d'Orléans, devenu Louis-Philippe I**[er], crut complaire aux partis avancés en se déclarant hostile, non à l'Église proprement dite, mais au Clergé. Cet esprit d'hostilité descendit des régions souveraines dans les masses ignorantes, et une horde de misérables, ramassés dans les bas fonds sociaux et commandés par les énergumènes du parti républicain, dévasta Saint-Germain-l'Auxerrois, pilla l'Archevêché, détruisit le monument, et, pour compléter son œuvre immonde, porta dans la ville les images vénérées au bout de piques, en vociférant des chansons osbcènes sous forme de cantiques.

Les églises furent un instant fermées, et Mgr de Quélen, archevêque de Paris, se retira à Conflans, pour n'être pas assassiné.

Les Chambres s'émurent d'un tel état de

choses. Quelques orateurs prirent la parole; mais le Ministère d'alors laissa pressentir que ces désordres, quoique regrettables à plus d'un titre, n'avaient pu être réprimés pour des motifs de haute politique. — Bref, on ne poursuivit nullement les fauteurs du désordre, et les amis de la royauté prétendirent que l'Église avait reçu une leçon.

On exclut des fonctions supérieures de l'État les membres du Clergé, et le Gouvernement de Juillet fit tant et si bien, que, le jour de l'expiation étant arrivé, il tomba en quelques heures sous le mépris public.

Le lendemain de la Révolution de 1848, le sentiment religieux, qui n'était qu'assoupi, éclata spontanément dans les masses. On appela les Prêtres pour bénir les arbres de liberté, et les *socialistes* furent, bon gré mal gré, obligés de s'incliner devant le vœu unanime des populations.

Quelques mois plus tard, quand il s'agissait de nommer un Président de la République, le peuple, placé en face de déclamations furibondes, de candidatures ayant pour profession de foi : *l'abolition de la Propriété, de la Famille, de la Religion*, le peuple se souvint que Napoléon Ier avait été le restaurateur de la religion catholique, et nomma Président Louis-Napoléon, dans la pensée, justifiée depuis par les événements, que, comme son Oncle, il soutiendrait l'Église et lui rendrait sa splendeur d'autrefois.

Et ce même peuple, édifié par la conduite de Celui qu'il s'était choisi pour Chef, le nomma ensuite Empereur des Français; répondant ainsi, par un vote de huit millions de voix, aux pamphlets, aux livres, aux journaux, aux divagations des prétendus novateurs, tels que MM. Pierre Leroux, V. Considérant, et par-dessus le marché maître Proudhon, le chef-d'œuvre du genre, au milieu de ces pâles copistes des philosophes du dix-septième et du dix-huitième siècle.

Un des premiers actes de Napoléon III fut de rendre au Culte catholique l'église Sainte-Geneviève, consacrée sous la Monarchie de Juillet à la mémoire des grands hommes, et surnommée le Panthéon.

Louis-Philippe avait osé élever le culte de la créature au dessus du culte du Créateur.

Napoléon III rendit à Dieu ce qui appartenait à Dieu. — Il appela aussi l'Église à siéger dans les grands Conseils de l'État, s'entoura des lumières des Prélats les plus éminents, et chaque jour il recueille les bienfaits de ce rapprochement qui ne peut que contribuer au bonheur et au progrès social.

Avant de terminer ce chapitre, jetons un coup d'œil sur le rôle de l'Église, en ce qui a rapport à l'instruction. Ce rôle a été, en tous points, digne d'une unanime admiration.

N'est-ce pas grâce au concours actif du Clergé que des écoles ont été ouvertes, non-seulement dans les grandes villes, mais aussi dans les villages, dans les hameaux ?

N'est-ce pas grâce à sa généreuse initiative que des Apôtres d'abnégation et de courage ont consenti à vouer leur existence, à peine garantie du nécessaire, à l'éducation pénible et laborieuse des enfants du peuple ?

Ces enfants des populations pauvres reçoivent une éducation solide, morale et religieuse; et le Prêtre, ce noble intermédiaire entre les diverses classes de la société, puise encore, au nom du Christ, dans la bourse du riche, pour aider la famille de l'enfant qu'il instruit; sainte mission qui honore le principe sacré dont elle découle et le Ministre qui la remplit.

Parlerons-nous des *Sœurs de charité* qui prodiguent aux filles pauvres, avec l'éducation, l'amour de Dieu et les sentiments de la Famille, qui en feront un jour de bonnes épouses et de bonnes mères !

Chacun de nous connaît l'abnégation de ces saintes femmes; chacun de nous connaît le principe divin qui les conduit au chevet des mourants, dans les hôpitaux et sur les champs de bataille !

Et M. Proudhon a osé dire que la Religion ne servait qu'à abrutir le peuple !... à le maintenir dans une grossière ignorance !...

Il a osé dire que les Sœurs de charité abandonnaient le malade qui ne se confessait pas !...

Mensonge et infamie !

J'en prends à témoin nos ennemis mêmes;

qui ont attesté la conduite sublime de ces Filles de Dieu.

Car ils les ont vues, sans crainte de la mort, porter aux soldats, quelles que soient leur religion et leurs croyances, les secours les plus prompts et les plus énergiques pour leur conservation !

Maintenant que nous avons placé sous les yeux de nos lecteurs le rapide aperçu des différentes phases de l'Église ; — maintenant que nous avons analysé ses bienfaits, que nous avons démontré qu'elle fut à toutes les époques la source du progrès et des lumières, qu'elle fut et qu'elle est encore la *Mère de l'humanité*, nous demandons de quel droit M. Proudhon ose insulter cette institution sacrée.

D'abord sait-il bien lui-même ce que c'est que la Religion, ce que c'est que l'Église ?

Pour l'honneur de sa raison, de son intelligence, nous ne le croyons pas.

Nous ne le croyons pas, car il est impossible de tenir un langage pareil au sien (voir le jugement) quand on a sous les yeux ces principes fondamentaux sur lesquels repose le Christianisme :

1° Consécration du principe de Propriété, de la Famille et du Mariage;

2° Établissement de l'Autorité et du Culte religieux;

3° Exaltation de toutes les vertus fondées sur le dévouement, la mortification des sens et la charité.

Le culte de M. Proudhon ne paraît reposer entièrement que sur la jouissance et l'égoïsme.

Vous allez me rétorquer sans doute, ô divagateur fiévreux ! que ces préceptes, contestables aujourd'hui, à votre point de vue, pouvaient paraître progressifs il y a dix-huit siècles, et que le Christ, ce *grand philosophe,* comme vous l'appelez, fut, lui aussi, persécuté et immolé pour ses idées?

A cela je répondrai qu'aucune analogie ne saurait sérieusement s'établir entre vous et le Christ; car le Christ était Dieu, et vous êtes le démon.

Ensuite, en admettant qu'on puisse compa-

rer vos odieuses théories à celles du Sauveur des hommes, nous conclucrions qu'il n'a pas cherché à imposer ses doctrines, comme vous le prétendez faire, par le glaive et par le feu...
— Quand le Christ parut au milieu d'Israël pour accomplir sa mission divine, ses premières paroles furent celles-ci :

« Ne pensez pas que je sois venu détruire la loi et les prophètes ; je ne suis pas venu les détruire, mais les compléter.

« Je vous dis en vérité que le ciel et la terre ne passeront point que tout ce qui est dans la loi ne soit parfaitement accompli.

« Celui donc qui violera l'un de ces moindres commandements, et qui apprendra aux hommes à les violer, sera regardé dans le Royaume des Cieux comme le dernier. »

Savez-vous, monsieur Proudhon, à quels Commandements le Christ faisait allusion ?
— Les voici :

« Vous ne tuerez point. — Vous ne commettrez point d'adultère. — Vous ne déroberez point. — Vous ne direz point de faux témoignages. — Honorez votre père et votre mère. — Aimez votre prochain comme vous-même. »

Voulez-vous encore des préceptes entièrement opposés aux vôtres? C'est toujours le Christ qui parle :

« Ce qui souille l'homme, ce sont les adultères, les fornications, les meurtres, les larcins, la fraude, les mauvaises pratiques pour avoir le bien d'autrui.

« Vendez vos biens et distribuez-en le produit aux pauvres.

« Quiconque donnera un verre d'eau en mon nom, je vous le dis en vérité, ne perdra point sa récompense.

« Ne soyez point en souci, et ne vous demandez point : que mangerons-nous? que boirons-nous? ou de quoi serons-nous vêtus? Car votre Père céleste sait que vous avez besoin de toutes ces choses; mais cherchez premièrement le Royaume de Dieu et sa justice, et toutes ces choses vous seront données par-dessus. »

Enfin, voulez-vous que nous admettions un instant, monsieur Proudhon, que l'on puisse établir un parallèle, comme philosophe, entre vous et le Christ ?

Écoutez donc votre sentence :

Le Christ, *ce grand philosophe*, a conquis le monde par des paroles de paix ; M. Proudhon, *ce grand philosophe*, a voulu le détruire par des paroles de guerre.

Tout ce qui a un cœur droit, une âme généreuse, jugera qui gagne à la comparaison.

Pour revenir aux maximes du Christ citées plus haut, — en regrettant que notre volume ne puisse en contenir davantage, — nous vous le demandons, ô monsieur Proudhon ! la main sur la conscience : croyez-vous qu'elles soient corruptrices des mœurs, croyez-vous qu'elles poussent à la luxure, au concubinage, et tendent à *abâtardir* et à *dépraver* le peuple ?

La question est jugée.

Maintenant, en face des révolutions qui se sont succédé, en face des odieuses trames qui se forment dans l'ombre, en face du dévergondage produit, malgré la sagesse du Pouvoir, par de certains écrits sur les esprits faibles (et malheureusement le nombre en est grand), nous le déclarons hautement, il n'est qu'un seul principe qui puisse faire radicalement triompher des utopistes.

Ce principe est :

L'UNION DE L'ÉGLISE ET DE L'ÉTAT.

# QUATRIEME PARTIE

## LA PROPRIÉTÉ

(Réfutation des pages 285, 309, 444 du tome I<sup>er</sup>; — 268 du tome II, et 14 du tome III.

Chez tous les peuples, civilisés ou non, et en remontant à la plus haute antiquité connue, on trouve comme un fait acquis le sentiment de la Propriété; et ce fait est le résultat toujours d'une idée fixe, plus ou moins développée, selon le degré de civilisation du peuple qui l'applique.

Ainsi le sauvage africain, ne vivant que du produit de la chasse, considérait comme *sa Propriété* son arc, ses flèches et le gibier qu'il avait tué.

Les peuplades nomades considéraient et défendaient comme *leurs* les tentes et les troupeaux qu'elles emmenaient avec elles.

Elles comprenaient même si bien leur droit, que lorsqu'elles échangeaient leurs produits contre les produits d'une autre peuplade, elles calculaient, mesuraient la valeur de l'échange, et, *propriétaires* avant le marché, elles restaient *propriétaires* d'une autre production après le marché.

Souvent aussi on vit des chefs nomades, et, par conséquent, ne connaissant pas la Propriété immobilière, se fixer sur une étendue de terrain, la cultiver, semer et recueillir; puis, avant d'émigrer, planter un jalon qui empêchât aucun naturel du pays de se l'approprier.

Comme on le voit, nous citons des exemples bien anciens.

En nous rapprochant de l'Europe, nous trouvons partout le père de famille cultivant son champ, l'entourant de limites, l'embellissant, et enseignant à ses fils le devoir de faire respecter l'héritage paternel.

Ici, point de contrats notariés, mais la loi

naturelle de solidarité, qui fait que l'un protége la Propriété de l'autre, afin qu'il y ait protection réciproque.

L'homme, le *propriétaire*, s'attache ainsi fortement à ce qui est le résultat de ses labeurs ; et si un jour on attaque ce résultat, il le défend, — conséquence naturelle.

Ainsi l'homme a deux phases de Propriété bien distinctes dans son histoire :

1° *État sauvage*, — Propriété passagère, susceptible de reprise ;

2° *État civilisé*, — Propriété positive, transmissible par héritage.

Au moyen âge, on concédait à l'homme seulement la surface de la terre ; l'intérieur, le dessous de la surface appartenait à l'État.

On achetait alors le droit de creuser la terre et d'en extraire les métaux.

Aujourd'hui, la Propriété est tout entière, c'est-à-dire qu'elle comporte la superficie pour le laboureur, et l'intérieur, le dessous de la superficie, la *mine* enfin, que le propriétaire peut exploiter à son gré, selon le droit sacré qu'il a acquis.

La Propriété est donc un fait immémorial, de tous les âges, de toutes les époques.

Les savants, les naturalistes, en observant la fourmi glaner sa provision d'hiver, le castor construire sa demeure familière, l'abeille défendre sa ruche contre les hommes et contre les frelons, — ces *coléoptères socialistes*, — concluent à l'instinct de la Propriété chez les animaux.

Or les philosophes, qui ne sont autres que les naturalistes de l'humanité, doivent conclure, en étudiant l'homme sous toutes ses formes sociales, qu'il est éminemment propriétaire, et que la Propriété est une loi instinctive chez tous les êtres vivants.

L'hirondelle ne bâtit-elle pas son nid, qu'elle quitte à l'automne, et vient *reprendre* au printemps, comme sa Propriété ?

Le lion n'a-t-il pas un circuit où il vit seul, où il chasse pour vivre, et d'où il exclut impitoyablement tout parasite qui oserait venir partager son butin ?

Lui aussi, il est propriétaire; et, s'il n'a pas de mesures métriques, de contrats pour fixer les limites de son domaine, il a l'instinct général de solidarité des animaux, par lequel il est reconnu par eux propriétaire, comme il leur reconnaît aussi le droit de Propriété.

Mais, revenons à l'homme, à l'enfant plutôt, chez lequel on remarque tout d'abord le sentiment précoce de la Propriété.

Supposez que cet enfant soit au milieu d'un grand jardin, qui doit devenir un jour son patrimoine, ce qu'il ignore néanmoins ; vous le verrez se créer instinctivement une Propriété relative dans sa Propriété future, cultiver des fleurs dans le petit carré qu'il aura choisi, et, dussent ces fleurs s'étioler à l'ombre, ne donner que des pétales sans odeur, il les préférera à d'autres fleurs, plus belles peut-être, mais qui ne sont pas sa Propriété respective.

Mais cet exemple s'applique déjà à la jeunesse ; choisissons-en un autre parmi l'enfance.

Donnez un hochet à l'enfant ; essayez ensuite de le lui reprendre ; il vous égratignera, il vous mordra plutôt que de se dessaisir de sa *Propriété*.

Dans tous les âges de la vie, on pourrait citer

des exemples de Propriété instinctive, prouver qu'elle est un fait humanitaire, inhérent à la création ; toutefois, examinons si le penchant de s'approprier le terrain que l'on a fécondé de ses sueurs, le gibier que l'on a tué *soi-même*, le fruit que l'on a vu naître après avoir soigné l'arbre producteur, est de la part de l'homme un acte d'usurpation, commis au préjudice de l'espèce humaine, comme l'a dit M. Proudhon, dans sa théorie de *la Propriété, c'est le vol !*

Avec le raisonnement que Dieu lui a donné, l'homme s'est dit : Je pense, je sens, donc je veux ;

Ce danger qui me menace, je l'évite ;

Cette femme, ces enfants que j'aime, je m'en distingue parfaitement.

Or cet homme a le droit d'ajouter, sans manquer à la loi sociale, à la loi divine :

La première des Propriétés pour moi, c'est *Moi*.

*Ses* pieds, *ses* mains, cet homme les fait mouvoir à sa volonté ; donc, ces pieds et ces mains sont sa Propriété à lui, et si quelque mécréant s'avisait de vouloir y toucher, il le châtierait d'importance au nom du *moi-propriétaire*. — Il peut louer ses pieds et ses mains à qui bon lui semble, moyennant une rétribution consentie par lui.

N'est-ce pas là une prémice de Propriété bien établie? — et qui se résume par cet axiome :

*Moi*, *mes* facultés intellectuelles, *mes* pieds, *mes* mains, *mes* yeux, *mon* cerveau, *mon* âme et *mon* corps, Propriétés dont j'ai seul le droit de disposer, selon mes besoins et ma volonté?

Cette première Propriété humaine, impartageable, et à laquelle les *socialistes* n'ont pas osé complétement toucher, M. Proudhon la taxera-t-il de vol fait à l'humanité?

De l'exercice de ce *moi* de l'homme naît une seconde Propriété moins primitive, mais non moins inaliénable, qu'il crée par son travail, et que la société lui reconnaît ensuite.

Cette seconde Propriété est la conséquence de la loi divine qui veut que l'homme se pourvoie de tout ce qui lui manque par le travail ;

Qu'il se vêtisse; qu'il construise une demeure

pour s'abriter, lui et sa famille; qu'il se nourrisse chaque jour; qu'il fasse sortir de la terre un des principes de son existence et qu'il arrache l'autre à la création, en élevant des animaux afin de se nourrir plus tard de leur chair, et de se vêtir des tissus faits avec leurs toisons.

Tel arbre produit des fruits amers, il en combine la greffe sur un autre arbre et en tire alors des fruits savoureux.

Il faut enfin qu'il fume la terre avec les excréments des mêmes animaux qu'il élève, s'il veut que cette terre lui rapporte.

Ce n'est donc qu'au prix des efforts de l'intelligence, unis au courage physique, que l'homme parvient d'abord à exister matériellement.

Mais plus tard, par la combinaison et l'échange des produits des divers climats de la terre, il améliore sa position, devient riche, heureux *possesseur*...

Comment y est-il parvenu?

Par le travail opiniâtre et intelligent, qui crée et constitue la Propriété.

Et c'est cette même Propriété, justement acquise, que M. Proudhon traite de vol fait à l'humanité !...

Ainsi l'homme en naissant n'a rien, rien que les facultés octroyées par Dieu; et parce qu'il emploie ces facultés au travail, qui donne la Propriété, a-t-il fait un vol?

Évidemment non.

Mais, supposons un instant qu'il ne soit pas sûr de recueillir le fruit de son labeur, la Propriété; en ce cas l'homme ne travaillera pas; et, son semblable agissant de même, la société ne sera plus qu'un ramassis de pillards, se dépouillant les uns les autres, arrivant enfin à ne plus rien piller, pas même la nature devenue stérile; se voyant réduits à se dévorer les uns les autres, et à devenir encore, fatalement, la Propriété nutritive l'un de l'autre.

Pour prouver le fait que nous avançons, il suffit de jeter un coup d'œil sur l'état de notre société.

En France on cultive les arts, c'est un fait certain; mais les arts, pour qu'on s'y livre, exigent la certitude d'une Propriété, fût-ce même celle-là seule de l'objet d'art que l'artiste aura produit.

La terre, ce qu'on appelait autrefois la glèbe, ne rend chaque année qu'une moisson, qu'une vendange, qu'une récolte de fruits ; pour que l'homme enserre ces fruits, ce raisin, ce froment, afin de l'écouler selon le besoin de tous dans le courant de l'hiver, il faut qu'il soit assuré d'abord de la Propriété *productive*, ensuite de la Propriété *possessive;* sans cela il laisserait les gerbes sur le champ, le raisin dans la vigne, les fruits sur les arbres, et ces dons précieux, nécessaires à la nourriture, s'anéantiraient par l'influence climatérique, sans profiter à personne.

Placez l'axiome de M. Proudhon, « La Propriété, c'est le vol, » en tête de la Constitution humaine, et vous n'aurez plus ni arts, ni sciences, ni agriculture.

Les grands problèmes résolus par le travail feront alors place à la barbarie, au néant.

De ces exemples, empruntés à l'état primitif des sociétés, passons à l'examen des phénomènes plus rapprochés de notre civilisation.

Les voyageurs ont été surpris de l'état de misère, d'abrutissement, de honteuse paresse de l'Orient, où la Propriété n'est pas suffisamment garantie par le Pouvoir, qui se prétend propriétaire unique.

Dans ce pays, en effet, l'agriculture est presque abandonnée, parce que la terre est exposée à la spoliation ;

Les Orientaux préfèrent le commerce, en ce sens qu'il lui échappe plus facilement ;

L'or, l'argent, les bijoux, sont cotés très-haut, parce qu'ils peuvent mieux se cacher.

L'instinct de la Propriété, froissé dans son essence, s'exalte, et par suite se convertit en une misère apparente, dissimulant un amour effréné du lucre, et une honteuse usure, augmentée encore par la crainte qu'a le possesseur d'être brutalement dépossédé.

En France, au contraire, pays civilisé, la Propriété est garantie, respectée par tous ; — je dis par tous, car on ne saurait prendre au sérieux les criailleries de quelques rêvassiers en délire ;

En France donc la confiance existe ; les capitaux circulent et entretiennent les transactions commerciales ;

La terre travaillée devient de plus en plus féconde ; l'or, les bijoux, se montrent, car leur possesseur, *confiant*, ne cache pas sa richesse, et la fait valoir à un intérêt d'autant plus raisonnable qu'il est raisonné.

De là, activité universelle, fécondée par le principe inviolable de la Propriété.

Examinons maintenant la transmission.

Si l'homme a droit à la Propriété *personnelle*, comme nous l'avons prouvé, a-t-il aussi le droit de *transmission* de la Propriété ?

Oui ; quiconque *possède* peut librement *transmettre*.

Mais, pour ne pas résoudre brutalement cette question complexe au point de vue philosophique, nous ajouterons quelques réflexions sur la conséquence toute naturelle de la transmission.

Puisque l'on accorde le droit de jouir de ce qu'on a produit, de l'appliquer à ses besoins, à ses sentiments, pourquoi refuserait-on le droit égal de transmettre la production à un autre, et de l'en faire jouir à son tour?

Le refus, en ce cas, serait une monstruosité sociale qui tendrait à nous ramener au néant par une voie secondaire.

Supposez qu'un propriétaire habile produise au delà de sa consommation, — ce qui arrive à tout être économe, — que voulez-vous qu'il fasse de son superflu?

Il ne peut boire outre sa soif;

Il ne peut manger au delà de sa faim;

Il ne peut se vêtir plus que son corps ne le permet.

Que voulez-vous, je le répète, qu'il fasse de son superflu?

Si vous lui défendez de transmettre sa Propriété, il produira peu ou pas, ou bien encore il anéantira sa Propriété.

Ceci est logique, incontestable, et plus vrai par conséquent que l'axiome de M. Proudhon.

Comment, vous refusez, vous, le prétendu *grand philosophe socialiste* de votre époque, vous me refusez de léguer mon BIEN à qui bon me semble, et vous me permettez néanmoins de l'anéantir ?

Je l'atteste, c'est de la folie... ou de la duplicité....

Quoi ! vous m'assigneriez à peine le droit de jouir personnellement de mon travail, et en ce cas je ne produirais juste que pour moi... et si mon champ, — le perfide, — avait l'audace d'engendrer un épi de plus que ma consommation journalière, je devrais le brûler et non le léguer à mon enfant, à ma femme, à mon frère, à mon ami ?

Je l'atteste encore, c'est de l'imbécillité jointe à l'orgueil humain....

Mais admettez un instant que vous parveniez, à l'aide de vos échafauds, à instituer momentanément le règne de votre loi barbare.

Comment l'appliquerez-vous ?

Pénétrerez-vous à temps dans l'intérieur de la famille, pour empêcher le père de donner à son fils, de sa main défaillante, les objets mobiliers, les bijoux à lui appartenant ?

Enverrez-vous un agent fiscal pour examiner l'état du moribond, et calculer les minutes de son râle, afin d'arrêter la donation sacrée du lit de mort qui froisse votre principe de *non-Propriété?*

Empêcherez-vous ce père de mettre son fils en possession de ses biens, dix ans, vingt ans avant sa mort?

Arrêtons-nous; de pareils principes soulèvent le dégoût.

Cependant, je m'adresse à vous, monsieur Proudhon, à vous, aujourd'hui père de famille; — Dieu n'a-t-il pas mis dans votre cœur, comme dans celui des autres hommes, cet instinct paternel qui consiste à léguer à son enfant la *Propriété acquise par le travail?*

Vous allez me dire, sans doute, qu'il résulte du droit de Propriété personnel et héréditaire une agglomération de richesses qui nuit à l'égalité sociale.

A cet argument je répondrai :

Que cette richesse est indispensable au bonheur de la société, car c'est elle qui fournit les capitaux nécessaires à acheter les produits du luxe dont la consommation est aussi indispensable.

Que cette richesse fournit encore des capitaux au génie humain qui innove chaque jour et qui a déjà découvert la vapeur et l'électricité, ces éléments de progrès qui ont changé la face du monde.

Souvent il arrive que les inventeurs ne sont pas appréciés de suite; est-ce le pauvre qui les aidera à soutenir la lutte de la routine contre le progrès ?

Non..

C'est le riche qui, possédant plus que le nécessaire, ne craint pas de sacrifier un peu de son superflu pour encourager les entreprises nouvelles.

Donc, sur ce point, les fortunes, moins nombreuses cependant qu'on ne se l'imagine, excitent l'émulation dans le travail.

Si elles servent à acheter les produits du luxe, c'est que la vente de ces produits alimente le commerce.

Ces fortunes servent encore à réparer dans les classes pauvres, par une bienfaisance tout humanitaire, les désastres causés par la maladie, le chômage et souvent l'imprévoyance.

Or, si on détruit la richesse, on détruit le stimulant du travail, sans ajouter un atome de plus à l'aisance générale;

On engendre la misère, la famine et la peste qui dévoraient au moyen âge les contrées d'Orient, pays où le vol, le pillage, étaient tolérés par les lois, au mépris du principe sacré de la Propriété.

Comme principe et corollaire du droit de Propriété, nous avons donc trouvé, d'après notre raisonnement :

1° Le TRAVAIL, premier mobile;

2° La TRANSMISSION RÉGULIÈRE, deuxième mobile.

Quoi de plus logique?

L'homme vient nu sur la terre, d'après la loi naturelle; en travaillant, il acquiert l'abondance, puis la Propriété personnelle, dont il fait profiter ses semblables, dans la mesure de ses intérêts, mis en corrélation avec les intérêts sociaux.

N'est-il pas évident, sous le rapport de l'équité et du bien-être général, que la société doit laisser à l'homme le fruit de son travail, afin que ce travail soit énergique, puissant, et que son action se résorbe sur la grande famille.

Car, s'il est la base du droit de Propriété, il en est aussi la mesure; par conséquent sa fécondité est attachée à la garantie donnée au travailleur comme propriétaire de cette fécondité.

Il est, à coté des laborieux qui acquièrent par un travail constant, il est une classe qui devient propriétaire par la ruse ou la violence.

Nous n'en parlerons pas; si les lois humaines sont parfois impuissantes à les punir, les lois divines ne les absoudront pas au jour de la justice éternelle.

Occupons-nous donc des vrais acquéreurs, et aussi de ce qui concerne la transmission.

Un enfant est né de parents riches; ces parents, soit de leur vivant, soit par testament, lui transmettent intacte la Propriété acquise par le travail.

Cette transmission implique-t-elle en soi le droit de Propriété de l'héritier ?

Évidemment.

Mais, par exemple, un étranger reçoit en don, par héritage ou autrement, un titre de Propriété ; peut-il en devenir réellement propriétaire ?

Sans doute.

Le premier possesseur ayant le droit de vendre ou d'aliéner sa Propriété, il la vend réellement au donataire ; et, s'il n'en reçoit pas un prix palpable en échange ou espèces, il la vend néanmoins le prix qui lui convient ; et ce prix est :

*Sa volonté d'être agréable à quelqu'un qu'il estime, et auprès duquel il acquitte une dette de reconnaissance ou d'amitié.*

Ce que nous venons de dire est parfaitement dans l'ordre humain ; et le *travail* et la *transmission* concourent, avec le droit personnel, à l'extension de la Propriété, qui excite l'émulation, et devient la source de la prospérité nationale.

Résumons donc, en quelques mots, cette première partie de notre chapitre.

L'homme a, sur la terre, deux Propriétés :

La première, la Propriété personnelle, qui lui vient de ses facultés physiques et intellectuelles ;

La seconde, la Propriété sociale, qui est acquise par lui, à l'aide de ces mêmes facultés, soit par le travail, soit par la transmission, et que la société doit lui garantir, sous peine de tomber dans le *Communisme*, synonyme de *misère, brigandage* et *barbarie.*

. . . . . . . . . . . .

Dans cette seconde partie du chapitre, nous allons mettre sous les yeux de nos lecteurs l'opinion de plusieurs chefs d'écoles, *socialistes* ou autres, sur la Propriété ; et, ce qui sera plus piquant encore, les premières idées de M. Proudhon lui-même.

On pourra voir de la sorte combien l'esprit humain est versatile, et que la croyance de la veille peut souvent n'être pas la croyance du lendemain.

### PREMIÈRE OPINION.

#### SUR L'HÉRÉDITÉ DE LA PROPRIÉTÉ.

« Un des signes les plus frappants que l'humanité ait fournis de sa grandeur, c'est d'avoir, par les lois civiles, donné à la pensée persistance et durée, même après que l'homme a disparu de la terre, dans sa manifestation matérielle; il n'y a rien, dans le droit civil des nations, de plus grand, de plus profond, de plus mystique que le droit de testament. »

Pierre Leroux.

D'après ces paroles, il est manifeste que le philosophe Pierre Leroux reconnaît en principe le droit de Propriété, puisqu'il proclame le droit de transmission de cette même Propriété.

Et cependant : *Quantum mutatus ab illo!*

## DEUXIÈME PARTIE.

« Ce n'était pas sans raison que le droit romain unissait si profondément la puissance paternelle et la faculté de tester. »

Lherminier.<br>(*Philosophie du droit.*)

Voici venir maintenant le Père Enfantin, chef de l'École Saint-Simonienne :

« Notre mode d'appréciation (du sol) est très-exceptionnel sur le globe, il est exceptionnel en Europe, et il ne date pour nous que d'un demi-siècle. Je suis loin d'en conclure qu'il ait été, ou même qu'il soit mauvais pour la France, etc., etc. »

ENFANTIN.
(*Colonisation de l'Algérie.*)

Puis aussi M. Colins, philosophe socialiste, auteur d'un livre intitulé : *Qu'est-ce que la science sociale*[1] ?

« Enlever à l'homme la faculté de tester, c'est le premier pas vers le Communisme absolu, le Communisme despotique, despotisme oriental où tout appartient à un seul. »

Plus loin, dans son livre, M. Colins ajoute :

« La Propriété et la Famille, sous peine d'absurde, ne peuvent être mises en discussion. »

---

[1] A propos duquel livre M. Blanqui, de l'Académie des sciences morales et politiques, écrivit un jour à l'auteur : « J'ai lu votre nouvelle brochure, mon cher monsieur Colins, je n'y comprends rien, si ce n'est que vous accusez la Propriété, l'appropriation des terres, de tous nos maux, » etc., etc.

Passons enfin aux opinions émises par M. Proudhon sur le droit de Propriété :

« Des écrits, dit-il, où l'on parlerait à la fois de *garantie* et de *concurrence* entre les associés, sans aucune mention de *fonds social* et sans *désignation d'objet*, passeraient pour une œuvre de charlatanisme transcendantal.

« Des gens qui se diraient associés de tout le monde seraient considérés comme ne l'étant de personne. »

Est-ce clair ?

Mais voici le plus fort :

« Ainsi encore, — dit toujours M. Proudhon, — un acte de société dans lequel les contractants ne stipuleraient aucun apport, et qui, tout en réservant pour chacun le droit de faire concurrence à tous, se bornerait à leur assurer réciproquement et le travail et le salaire, sans parler ni de la spécialité de l'exploitation, ni des capitaux, ni des intérêts et des profits et pertes ; un pareil acte semblerait contradictoire dans sa teneur, et dépourvu d'objet autant que de raison. »

Et, en dernier ressort :

« Des conventions ainsi rédigées ne pourraient donner lieu à aucune action judiciaire. »

Le *philosophe révolutionnaire* avait raison; car être associé de tout le monde, sans distinction de Propriété individuelle, c'est supposer l'existence du *Communisme absolu;*

Cette existence serait alors, par son essence, l'anéantissement de toute association;

Ce serait l'automatisation de l'homme; ce serait l'absurde.

M. Proudhon a donc reconnu jadis le principe de la Propriété, et ce qui le prouve, ce sont encore ces paroles qu'il a écrites de même :

« Que le monopole n'est qu'une vue relative, servant à désigner le grade du travailleur, avec certaines conditions de jouissances... »

Mais c'est assez nous étendre sur un travail de citations.

Tout le monde sait depuis longtemps que les *Communistes*, pas plus que M. Proudhon, ne sont sincères dans leurs théories désorganisatrices.

Ces théories ne sont qu'un piédestal sur lequel ces apôtres du mal élèvent la statue de leur renommée.

Pauvre renommée, vêtue de lambeaux ramassés dans le sang des victimes fanatisées par des doctrines infâmes !

Pauvre piédestal, cimenté sur les cadavres des honnêtes gens qui ont défendu la Famille et la Société ; la Société mise en péril par les sectaires du vandalisme et de la destruction humanitaire !

Nous terminons :

La Propriété est un principe naturel nous venant de Dieu, qui l'a consacré par ce commandement :

« Le bien d'autrui tu ne prendras, ni retiendras injustement. »

La Propriété est le plus vrai, le plus fécond de tous les droits ;

C'est par la Propriété que les sociétés existent ;

C'est dans la Propriété que se trouve la source du progrès et de la civilisation;

La Propriété est l'alpha et l'oméga de l'humanité.

Donc, celui qui a osé dire : *La Propriété, c'est le vol*,

A menti à Dieu et à l'humanité.

# CINQUIÈME PARTIE

## LA FAMILLE

(Réfutation des pages 447, 509, etc., du tome III. — Voir le jugement, ainsi que le paragraphe relatif à la femme:

I

PRINCIPE DE LA FAMILLE.

Lorsqu'il a passé de l'enfance à la puberté, l'homme sauvage ou civilisé songe à prendre une compagne.

Il aimera cette compagne; pour elle, il travaillera; il en aura des enfants.

Puis il élèvera ces enfants, leur fera apprendre une profession; ils prendront une compagne à leur tour, et auront aussi des enfants.

Cette roue, tournant toujours sur le même

pivot, et que nous retrouvons chez toutes les nations, se nomme *le Principe de la Famille.*

Ce principe, que M. Proudhon tend à détruire dans ses ouvrages, est un signe évident de l'intervention de la Divinité dans l'organisation humaine.

Il a pour corollaire une loi sacrée, dont on retrouve partout la trace dans l'histoire, sous une forme ou sous une autre : le *Mariage.*

« Le Mariage, a dit un philosophe, est l'état naturel de l'homme; l'homme est né pour vivre avec la femme. Aucun pouvoir humain ne peut empêcher l'accomplissement de cette loi de nature. »

Certains rétorqueurs diront sans doute :

— Mais le Mariage est une obligation sociale, qui n'a rien de commun avec la loi naturelle?

D'accord. Mais la loi naturelle, ne mettant pas suffisamment le sexe faible à l'abri du fort, et n'assurant pas suffisamment non plus le bien-être des enfants, on a dû créer d'abord un lien, nommé *Mariage,* lien que plus tard on rendit indissoluble.

D'autres diront encore :

—Votre lien indissoluble est une absurdité. Car l'homme, quand il épousa sa femme, était sous l'influence d'un prisme passager. Depuis, il a cessé d'aimer cette femme; il n'en est plus aimé. Sans amour, la société conjugale n'est plus qu'une odieuse tyrannie. Et puis la Famille, dont vous parlez avec tant d'enthousiasme, lui devient alors insupportable; les enfants sont méchants, vicieux, n'ont aucune affection...

Nous répondrons victorieusement à cette assertion, émanée des faiseurs de diatribes, des raisonneurs sceptiques, niant Dieu et l'humanité, par une citation empruntée à M. Thiers :

« Parmi les animaux, le père ne connaît jamais les êtres issus de lui. La mère, quand elle a fini de les allaiter, ou, dans les espèces qui ne sont pas mammifères, quand elle leur a enseigné à vivre seuls, les abandonne, ne veut plus même les voir et les chasse d'auprès d'elle comme importuns. L'éducation a consisté à les conduire jusqu'à l'âge où ils peuvent se nourrir et se défendre. C'est un mois, deux mois, un an peut-être, pour ceux dont la vie est la plus longue. Après, ils sont voués au communisme. Le père, la mère, les rejetons, vivent sans se connaître, sans se distinguer, dans une promiscuité pour laquelle la nature ne montre chez eux aucune répugnance. Telle est la Famille chez les animaux. »

. . . . . . . . . . . .

Il ne serait pas à souhaiter cependant une pareille innocence pour l'homme; ce serait l'assimiler à la bestialité complète, à la brute, pour mieux dire, et on serait obligé alors de lui retirer l'intelligence et la raison, qui en font le roi de la nature, le corrélatif immédiat de la Divinité.

D'ailleurs, l'éducation n'existe pas chez les animaux ; c'est l'*élévation* qui la remplace.

Chez l'homme, c'est tout différent, comme nous allons le voir.

« Mais l'éducation de l'homme est de toute la vie. Cet être si fort, destiné à durer plus que la plupart des autres animaux, destiné à être Newton, Racine, Voltaire ou Napoléon, quand son allaitement est fini, sait à peine marcher, se laisserait renverser par un chien, écraser par un cheval, si vous le livriez à lui-même, et quand il peut manger, marcher, éviter les obstacles dangereux, ne saurait pas vivre au milieu de cette société où tout s'achète, où l'on ne trouve pas à subsister dans les rues comme les animaux trouvent à brouter dans les champs. Il faut que le père et la mère gagnent sa vie pour lui.

« Puis, c'est un être pensant, il faut développer son intelligence, il faut la cultiver, l'élever, la mettre au niveau de sa profession, de sa nation, de son siècle.

« Montez encore plus haut, et si c'est le fils de ces grandes familles qui sont l'honneur de leur pays, si c'est le fils des Scipion à Rome, le fils des Annibal Barca dans la jalouse Carthage, s'il doit soutenir un jour l'éclat de son nom, la gloire de sa patrie, il faut lui inculquer les vertus héréditaires, les nobles passions de sa race, et alors toute une vie de bons et d'héroïques exemples n'est pas de trop. »

. . . . . . . . . . . . . . .

M. Thiers a de pleine autorité raison.

La décadence des familles vient le plus souvent du manque de vertus des descendants de ces mêmes familles.

« Pour l'animal, la Famille, c'est la protection de la mère pendant l'âge de l'infirmité physique ; pour l'homme, c'est la vigilance du père et de la mère sur son âme, continuée toute la vie, c'est la perpétuité des sages leçons, des grands exemples !

« La Famille humaine, assurément, n'est pas toujours et partout la même ; elle n'arrive pas plus que les autres institutions sociales à sa perfection dès l'origine des sociétés. Dans l'état nomade, l'homme a plusieurs femmes, parce que, vivant librement sous le ciel, dans les vastes pâturages du désert, au milieu de l'abondance pastorale, l'existence pour lui est facile, et qu'il peut nourrir beaucoup de femmes et beaucoup d'enfants. Despote, n'ayant pas encore appris à respecter la faiblesse de sa compagne, il satisfait son goût, qui est d'avoir plusieurs épouses, leur impose la fidélité qu'il n'observe pas lui-même, a de toutes des enfants qui vivent entre eux comme ils peuvent, et, si l'une d'elles l'emporte sur les autres, laisse Agar s'en aller au désert mourir de soif avec Ismaël. Enfin, si ce barbare nomade conquiert un jour Constantinople, il aura des concubines par centaines, condamnées dans un harem à vivre de temps à autre de l'un de ses caprices, lui donnant des enfants de toute origine, qui se feront entre eux les guerres sanglantes du sérail. »

. . . . . . . . . . .

Les exemples ne manquent pas dans l'histoire à l'appui du peu de sérieux du principe conjugal avant la tendance qui lui a été donnée par le Christianisme.

La femme, dans l'état d'union, a subi bien des destinées diverses, et c'est tout au plus, quelquefois, si on a reconnu à son fils, le fruit de ses entrailles, le droit de porter le nom de son père, souvent même après que ce père avait hautement nommé son fils. Mais ces faits reposaient sur des caprices, incompatibles aujourd'hui avec notre civilisation.

« Le Christianisme, qui a tant fait pour la société humaine, en contenant l'homme, en l'obligeant à immoler ses penchants, à respecter la faiblesse de la femme comme celle de l'esclave, a constitué la Famille telle qu'elle est. Pour un seul père, une seule mère, une seule lignée d'enfants. Voilà la perfection de cette sainte institution. Sans doute, dans leurs goûts inconstants, l'homme, la femme, peuvent n'être pas toujours suffisamment contenus. Il est rare qu'ils s'aiment du même amour de la jeunesse à la vieillesse ; mais avec le temps l'affection conjugale succède à l'amour. L'être qui s'est associé à vos intérêts pendant toute votre vie, qui a même orgueil, même ambition, même fortune, ne saurait jamais vous être indifférent, et, si l'extrême rapprochement des existences a produit des froissements, le jour où cet être vous est ravi, le vide qui se fait en vous prouve quelle place il tenait en votre âme. D'ailleurs, ne reste-t-il pas les enfants pour lesquels la Famille a été instituée? L'époux, l'épouse, dont les sentiments sont altérés, se retrouvent, s'entendent, quand il s'agit de ces êtres chéris, but unique de la vie, quand la vie n'a plus de but. Ils souffrent en eux, souffrent cruellement, mais souffrent plus encore quand ils n'en ont pas. Qui voudrait, en effet, arracher de l'âme humaine ce sentiment de la maternité, si amer et si doux, si délicieux et si terrible, qui tantôt veille sur la jeune fille, garde sa pudeur, la conduit jusqu'au lit nuptial, l'aime devenue mère, aime ses enfants autant qu'elle-même; tantôt, suivant le jeune homme dans sa carrière orageuse après l'avoir soigné enfant, adolescent, l'accompagne en tremblant à l'entrée de la vie, souffre amèrement de ses revers, jouit jusqu'au délire de ses succès? Quelquefois cette mère si tendre a consenti à voir ce fils embrasser la carrière des armes; elle a frémi en apprenant qu'il était à la veille d'une bataille; quelle joie s'il y a survécu et s'y est honoré! Oh! sans doute elle sera cruellement déchirée si on le lui rapporte mort, même sur des drapeaux ravis à l'ennemi; elle sera déchirée et voudra mourir, et mourra peut-être. J'en conviens, la brute, même la meilleure, le chien que vous aimez, n'a pas de tels chagrins. Voulez-vous donc devenir brute, abdiquer votre âme, cesser d'être une créature libre, pensant juste et pensant faux, jouissant et souffrant,

souffrant profondément ! Alors, arrachez-vous cette âme, retombez sur vos quatre membres, faites de vos bras des pieds, abaissez vers la terre ce front destiné à regarder les cieux, *erectos ad sidera tollere vultus*, et devenez brute pour ne pas souffrir. »

. . . . . . . . . . . . .

Il y aurait une chose bien simple à faire, en prenant l'essence et même la matière des œuvres de M. Proudhon.

Ce serait :

1° De vivre tous en communauté ;

2° De partager tous les plaisirs de la vie ;

3° D'en repousser toutes les peines, et, par conséquent, de ne pas reconnaître les enfants, qui pourraient être *vôtres*, mais aussi pourraient être ceux des voisins ;

4° N'avoir ni devoirs, ni lois, mais rien que des droits. Chacun serait le maître, et tout irait au mieux dans le plus drôle des mondes possibles.

Nous préférons encore, heureusement pour nous, l'idée de M. Thiers. Écoutons-le parler :

« Il faut, comme je l'ai dit, que l'homme ait

tout en propre, son champ, dans son champ sa demeure, dans sa demeure sa femme et ses enfants, ou rien, ni le champ, ni la demeure, ni la femme, ni les enfants, car dans le système intermédiaire il y a, outre un faux principe contraire à la nature, l'inconséquence la plus dangereuse pour le système, et la plus cruelle pour l'individu.

« Tâchez, si vous le pouvez, d'arracher l'homme à lui-même, de tuer ce penchant de son cœur qui le porte à s'approprier tout ce qu'il touche, choses matérielles et choses morales; habituez-le à se répandre dans l'immensité, à travailller pour trente-six millions de citoyens, à aimer dix-huit millions de femmes, à chérir cinq ou six millions d'enfants; habituez-le à cette effusion de son être; mais, si vous permettez au penchant qui le ramène sans cesse en lui de se satisfaire en quelque chose, ce penchant redeviendra aussitôt plus fort et plus irrésistible. Laissez-lui en effet sa femme et ses enfants, et à l'instant même il voudra leur donner le bien de la communauté tout entière. Insensés que vous êtes! n'avez-vous pas compris que, Dieu ayant distribué aux êtres l'univers, c'est-à-dire l'espace et le temps, leur ayant partagé ce domaine de l'infini, ayant créé des êtres distincts qui n'ont à eux ni tout l'espace ni tout le temps, ayant créé une lune, une terre, un soleil, et dans l'infini des milliers d'autres lunes, d'autres terres, d'autres soleils, qui ont chacun une partie de l'espace, une partie du temps, car ils commencent et finissent; ayant placé sur ces grands êtres insensibles, quoique animés de forces motrices, d'autres êtres également distincts, quelques-uns sentants, pensants, tels que les animaux, et parmi les animaux l'homme, il est dans le principe même de la création que ces êtres sentants et pensants, séparés aussi les uns des autres, aient leur portion de l'espace et du temps; que, de même que les globes célestes sur lesquels ils vivent ont une partie de l'étendue universelle, ils aient à eux une partie de ces globes, que l'animal ait son terrier, l'homme sa demeure; qu'être moral, doué de la faculté d'aimer, il aime, non pas l'ensemble, ce qui est trop grand pour lui, mais une partie, celle qui est à sa portée; d'abord son père, sa mère, sa femme, ses enfants, c'est-à-dire sa famille, puis sa patrie, peut-être après sa patrie la race d'hommes à laquelle il appartient, la race chrétienne, par exemple, à l'exclusion de la race mahométane? Mais ne sentez-vous pas que si vous allez plus loin l'absurdité naîtra, parce que vous vous serez mis en opposition avec la nature des choses? N'entendez-vous pas les railleurs qui, se moquant de la bienveillance banale, disent qu'aimer le genre humain, c'est n'aimer personne? Vous répondrez peut-être que votre système est celui de la bienveillance universelle, tandis que le vieux système social est celui de l'égoïsme. Ce vieux système n'est pas plus celui de l'égoïsme que la gravitation n'est un égoïsme planétaire. Chacun a son orbite, et dans son orbite son rayon d'attraction. L'homme est un être limité, son cœur l'est comme son corps. Il faut l'élever successivement de lui à sa famille, de sa famille à sa patrie, de sa patrie à l'humanité. Appuyé sur ces degrés, il peut s'élever, et il s'élève, en effet, aux affections les plus hautes. Il s'aime d'abord, puis, en se perfectionnant, il aime sa femme, ses enfants plus que lui-même. En se perfectionnant encore, il comprend que la prospérité de sa patrie est liée à celle de sa famille, et il aime l'une presque autant que l'autre. Vous pouvez enfin le conduire jusqu'à l'amour de l'humanité même, mais par les degrés de cette échelle divine, qui le fait monter de lui à la famille, à la patrie, à l'humanité, à Dieu. Exiger qu'il aime le tout avant la partie, l'humanité avant sa patrie, sa patrie avant sa famille, c'est se tromper grossièrement sur sa nature, sur le rayon des forces physiques et morales qui le font mouvoir. Dites-lui d'aimer l'Europe avant la France, la France avant sa famille, de travailler pour les plus éloignés de son cœur avant de travailler pour les plus rapprochés, et, maître ridicule, vous n'obtiendrez qu'une désobéissance railleuse. Ce sera comme si vous aviez fait tourner la lune directement autour du soleil, au lieu de la faire tourner autour de la terre d'abord, et, à la suite de celle-ci, autour du soleil, centre commun, mais indirect, de son existence planétaire. En un mot, l'homme, être borné, doit s'élever par degrés jusqu'à ce tout dans lequel vous voulez le fondre. En procédant ainsi, il monte, tandis qu'en suivant la marche opposée il descend du tout à lui-même. Aveugle ordonnateur des choses! il fallait le faire monter, et au contraire vous l'avez fait descendre! »

Nous aimons à croire que, lorsqu'il écrivit son livre, M. Proudhon ne connaissait pas la logique serrée de M. Thiers; il n'eût pas assimilé sans doute le principe de la Famille à la simple bestialité animale, — pour son honneur et celui de l'humanité tout entière.

## II

L'HOMME. — SES DEVOIRS DE CHEF DE FAMILLE.

Dans l'état légal du mariage, l'homme est le chef de la communauté ; la femme et les enfants lui doivent obéissance et soumission.

Voilà pour les droits.

En échange de cette soumission, l'homme doit aide, assistance et protection à sa femme et à ses enfants.

Voilà pour les devoirs.

Chez les peuples primitifs, le père de famille avait droit de vie et de mort sur sa femme, ses enfants, ses animaux domestiques.

Sous l'empire de la féodalité, alors que l'État

n'était considéré que comme une agrégation de familles nobles, chaque famille formait une petite monarchie sur laquelle le chef étendait sa souveraine puissance.

Puis venaient se grouper autour de cette monarchie les assujettis à la glèbe qui lui devaient également soumission.

Privés des droits naturels de l'espèce humaine, ces derniers n'avaient non-seulement aucun droit sur leurs enfants, mais encore ne pouvaient leur nommer de tuteurs, et les marier sans le consentement de leur seigneur.

C'était, on en conviendra, le paroxysme de l'inégalité humaine; et sous ce régime l'homme était tellement dégradé, qu'il n'osait même invoquer l'intervention de nouvelles lois en faveur de sa dignité.

Il gémissait sous l'oppression, appréhendant encore que la moindre résistance n'empirât sa malheureuse position.

Les changements de mœurs, les progrès du Christianisme, vinrent plus tard modifier sensiblement les lois sociales. Les Chartes que les rois accordèrent aux communes affranchirent les habitants et établirent successivement des corporations placées sous le patronage de magistrats de leur choix.

Alors, les Familles plébéiennes étant représentées, on vit les corporations se grouper autour de la couronne; par ce fait les lois prirent un caractère différent du passé, les noms de *maître* et d'*esclave* furent abolis; on créa un état civil pour les enfants, et, à quelque classe qu'ils appartinssent, ils furent déclarés, en naissant : sujets du prince.

De ce progrès, d'où devait nécessairement dériver l'indépendance de la Famille, naquit la véritable autorité paternelle; autorité instinctive qui naît avec l'enfant, s'accroît chez lui par l'habitude, se développe avec la raison, et qu'on a ainsi défini :

La soumission filiale, transformée plus tard en autorité paternelle, est la loi du sang; loi sous l'égide de laquelle chaque Famille goûte le fruit de son travail et la paix domestique, sources de toutes les jouissances.

Quel est le but de l'autorité paternelle au point de vue social?

Dans tous les États, les lois — cette sauvegarde des intérêts — sont insuffisantes à prévenir et à réprimer certains actes qu'elles jugent coupables ou criminels. Il faut donc, en ce cas, que l'autorité paternelle, force morale, étouffe dès sa naissance, dans l'âme de l'enfant, le germe des passions mauvaises qui, en se développant, le conduiraient infailliblement au crime et à la dégradation de son être.

Chaque famille est donc une sorte de Propriété que son *Directeur* gouverne, avec d'autant plus de douceur et de bienveillance, que chez lui la tendresse du père tend à mitiger la puissance du maître.

Un père qui commanderait avec dureté serait un maître malheureux, car il inspirerait moins de confiance que de crainte, et serait rarement obéi ; c'est un fait universellement reconnu que les menaces et les châtiments irritent la jeunesse et révoltent sa volonté.

Le langage du cœur, au contraire, touche et persuade.

Le pouvoir paternel, découlant de la qualité de chef de famille, est délégué à l'homme par la société, non comme une prérogative, mais comme un devoir réciproque, imposant l'obligation de former des hommes sociables, des citoyens honorables et honorés, à quelque classe qu'ils appartiennent.

Ce devoir doit être constamment en rapport avec l'esprit de la Constitution gouvernementale, la Religion, les mœurs et l'esprit général de la société.

L'autorité paternelle déléguée au père et à la mère cesse de plein droit à la majorité des enfants ; car à cette époque ils sont soumis aux devoirs du citoyen, et la loi suppose que leur raison les rend capales de discerner le juste de l'injuste, et qu'ils sont aptes à régler leurs actions.

Cette émancipation acquise, il reste à ces enfants, devenus majeurs, un autre devoir à accomplir, qui repose en entier sur les sentiments inviolables de la nature, et qui est inspiré par Dieu : *la piété filiale.*

Dans les cœurs honnêtes, la piété filiale ne finit qu'avec la vie. On le comprend d'autant plus, qu'après la justice et la raison qui en sont le mobile, il y a la reconnaissance basée sur ce que les auteurs de leurs jours ont fait pour eux pendant toute la durée de leur éducation.

Ce sentiment comporte en lui-même l'obligation perpétuelle d'honorer ses parents par toutes les marques d'estime, et de les entourer d'une vénération et d'une affection sans bornes.

Dieu a dit aux hommes :

— Tes père et mère honoreras, afin que tu vives longuement.

Mais ce respect de l'autorité paternelle, cette vénération des parents, subsisteraient-ils dans un pays, dans une société où la Famille serait livrée à la promiscuité, à la bigamie, à l'adultère, au concubinage ?

Évidemment non.

Que répondrez-vous, maître Proudhon ?

Votre Famille philosophique, composée de mères bigames ou concubines ; — de pères inconnus ou trop connus de leurs enfants, sera-t-elle honorée, respectée en la personne de ses rejetons ?

Où sera l'autorité paternelle ?

Où sera l'amour filial ?

Où sera le lien de cette famille d'arlequins ?

Où seront enfin la reconnaissance, l'estime, le respect ?

Comment oserez-vous, de bonne foi, prêcher à ces enfants, fruits bariolés de passions plus ou moins échevelées, le commandement de Dieu :

— Tes père et mère honoreras, afin que tu vives longuement.

Mais c'est assez, pour le moment, nous étendre sur cette digression, revenons à l'éducation de la Famille.

L'éducation de la Famille doit être généralement conforme à l'esprit du Gouvernement établi dans le pays où elle réside.

Dans les États despotiques où les chefs de famille sont esclaves eux-mêmes, ils inspirent à leurs enfants un respect et une subordination despotique.

Dans les États libres comme la France, où le Chef tend à faire chérir le Gouvernement, l'autorité paternelle ne doit être qu'un simple ressort, à l'aide duquel l'Administration maintient les mœurs et entretient l'esprit national chez les jeunes gens.

De là découle, pour l'avenir, une succession de bons principes, salutaires à l'Ordre social.

Ainsi, les pères étant formés moralement par de sages institutions, l'éducation des enfants se ressentira de l'éducation même des pères.

Ils puiseront en leurs parents la foi des grands principes de l'ordre, de l'amour du travail et du respect des lois.

Nous avons, il est vrai, les Cours publics, les Colléges, les Écoles, qui donnent aux enfants une éducation intellectuelle suffisante. Mais ce ne sont pas dans des études souvent arides pour le jeune âge qu'ils puisent leurs opinions et leurs principes de conduite à l'égard de la Société. C'est au sein de la Famille, en observant librement les faits qui se déroulent sous leurs yeux.

Là, ils élucident des vérités sociales qui les convainquent d'autant mieux qu'elles sont démontrées par des êtres chers au cœur et à l'intelligence.

On trouve encore dans l'autorité de la Famille une liaison précieuse avec le Gouvernement, quand ce dernier surtout a pour base le bonheur du peuple.

Nous empruntons ce qui va suivre à un philosophe du dix-huitième siècle, car ces quelques phrases concernent l'autorité paternelle mise en corrélation avec celle du gouvernement.

« L'autorité du père, tirant toute sa force du respect et de la confiance, n'impose à ses enfants que les devoirs qu'il leur importe de connaître pour atteindre le but auquel ils sont destinés. Il dirige leur raison sur les mêmes principes qu'il a reçus lui-même; et, comme il est dominé par la pensée de se survivre dans sa famille, il tient à cet avenir par des liens indestructibles; il tient encore au présent par le plaisir qu'il éprouve en les voyant prospérer pendant sa vie. Il est donc vivement intéressé à les affermir de bonne heure dans la pratique du bien, à graver dans leur cœur, par la voie du sentiment, de la conscience et de la raison, les préceptes que commande la morale publique, c'est-à-dire l'accomplissement des devoirs de l'homme envers Dieu et envers la Société, en mettant ainsi en harmonie les principes de l'ordre social et les sentiments religieux....

« Voilà ce qui constitue la manière générale de sentir, de penser et d'agir, en un mot cet esprit public qui maintient les mœurs, conserve la subordination domestique, et forme dans chaque famille une école élémentaire où les enfants apprennent à la fois ce qu'il faut savoir pour être bon citoyen et vivre heureux. »

Examinons maintenant le principe d'autorité paternelle au point de vue de l'éducation religieuse et politique des enfants.

Les Familles doivent être pour ainsi dire des écoles élémentaires, où les leçons consistent plutôt dans les exemples que dans les discours.

De la sorte, les leçons seront plus à la portée des jeunes intelligences que ne le seraient de froids préceptes dogmatiques difficiles à comprendre, et susceptibles de fatiguer l'esprit sans l'éclairer.

Par l'exercice d'une imitation sagement dirigée, les pères transmettront à leurs enfants les premiers sentiments de la Religion, et les disposeront ainsi à ce qui est juste, bon, équitable et même légal.

Plus tard, lorsque l'intelligence est mûrie au soleil de la vie, elle comprend totalement l'idée de l'existence de Dieu, et cette révélation impose alors l'exercice de devoirs que la Religion commande au nom de Dieu lui-même, devoirs qui concourent au maintien de l'édifice social dont ils sont la pierre fondamentale.

L'éducation paternelle vient encore s'associer de plein droit à l'instruction publique, en ce qui concerne l'enseignement politique.

En effet, pendant que d'un côté l'autorité civile développe l'intelligence de l'enfant, de l'autre, le père, conservant sa suprématie de famille, dirige et fortifie les principes moraux inculqués par l'instruction publique du pays.

Considérant donc, d'une part, l'intervention de l'autorité qui développe le patriotisme de l'enfant, et d'autre part l'intervention du père qui prêche par son exemple et ses discours le respect aux lois sociales, nous trouvons ainsi deux puissants leviers qui font mouvoir le char de l'État, et maintiennent l'équilibre, dans la société, entre les bonnes et les mauvaises passions, toujours si ardentes à se produire.

Cette théorie, condamnée cependant par les socialistes, produit à coup sûr les honnêtes gens qui aiment par-dessus tout la *liberté*, la *justice* et les *lois*, trois choses qui inspirent le dévouement au Chef de la nation, qui en est le gardien et le fidèle dépositaire.

Nous pouvons donc conclure de là que c'est au sein de la Famille, sous l'égide de l'éducation paternelle, que se forme le patriotisme, source de nobles sentiments qui nous attachent au pays natal; le patriotisme, qui rend facile la tâche des Gouvernements et leur permet, à l'abri des secousses révolutionnaires, d'élaborer le progrès dans la liberté, et par conséquent de contribuer puissamment au bonheur général.

Que répondrez-vous, monsieur Proudhon, à ces arguments sur la Famille? que répondrez-vous à ce rôle si beau de l'éducation paternelle?

Pensez-vous que nos théories valent moins

que vos théories subversives; et n'est-on pas heureux que le Gouvernement de Napoléon III soit assez puissant pour préserver les masses de la lecture de vos théories désorganisatrices?...

En admettant le contraire, qu'arriverait-il ?

La jeunesse, égarée par de fausses lueurs, dominée par l'esprit d'imprévu qui règne dans vos œuvres, verrait s'éteindre en elle, avant que la raison puisse la guider, l'*amour de la Patrie*, l'*amour de la Famille!*

Vos théories seraient impies si elles n'étaient ridicules.

Les vrais devoirs du père de famille consistent non-seulement à élever matériellement les enfants, mais encore à leur donner solidement une éducation religieuse, sociale, politique et morale; à créer des fils soumis, des citoyens honorables, et des sujets respectueux et adorateurs de Dieu, le dispensateur des hommes et des choses.

Lorsque ces devoirs sont fidèlement remplis, les pères ont droit à une mémoire chérie, et leur souvenir pourra, d'âge en âge, servir à la tradition du principe sacré de la Famille.

## III

LA FEMME. — DROITS ET DEVOIRS DE LA FEMME, COMME ÉPOUSE ET COMME MÈRE. — ÉDUCATION DE LA FEMME. — ÉDUCATION MATERNELLE DES ENFANTS. — ÉDUCATION MATERNELLE DES FILLES.

> « La femme, c'est la maison. »
> (Law, *Dijest of Hindu*.)

On s'est beaucoup occupé des femmes dans notre pays. Des livres de tous genres ont été écrits sur ce sujet.

Certains philosophes, en la détaillant, ont fait de ses faiblesses des vertus, de ses penchants des qualités.

D'autres, dont fait partie M. Proudhon, les

regardant comme des créatures incapables d'une pensée sérieuse, les placent au dernier rang de la société et les considèrent comme des êtres secondaires, utiles seulement à la reproduction de l'espèce, en un mot comme des animaux simples qui, avec une apparence de raison, élèvent leurs enfants et se dirigent animalement dans le sentier de la vie, d'après les conseils de l'homme.

Nous repoussons ce jugement monstrueux, nous le repoussons de toutes nos forces, et nous le combattrons avec toutes les armes que peuvent nous fournir la justice et le bon sens.

La femme est, sur cette terre, la compagne de l'homme; elle existe pour son compte personnel; et, quoiqu'elle soit socialement subordonnée à l'homme, elle n'est pas moins son égale devant Dieu et l'humanité.

Cette égalité philosophique puise sa source dans une vérité reconnue, et qui est celle-ci :

La femme est animée du souffle divin, qui, par son principe, lui donne, de même qu'à l'homme, les dons de connaissance du bien et du mal, le sentiment du devoir, le besoin de croyance d'une vie future et d'une nécessité de la progression humanitaire. Ces dons sont augmentés chez l'homme de la force et de l'activité, deux qualités qui, combinées avec la faiblesse physique et morale de la femme, forment un tout qui constitue l'ensemble de l'espèce humaine.

Rousseau, l'un des plus profonds penseurs du dix-huitième siècle, prétend que les femmes doivent être fatalement déshéritées de toute part sérieuse dans l'action de la vie. L'éducation qu'il indique pour elles est un moyen honnête, à son sens, de les laisser étrangères aux choses qui font partie du domaine des enfants de Dieu. Et, pour appuyer ce qu'il avance, il donne à l'homme le génie, la création, et à la femme les finesses de l'esprit.

Rousseau était, il nous semble, dans une profonde erreur, bien pardonnable, du reste, à l'époque où il vivait. Car Louis XV avait tellement rapetissé l'humanité par ses débordements et par la tolérance des vices des seigneurs de sa cour, qu'il était impossible de porter un jugement solide sur les femmes vivant sous son règne.

En ce qui concerne l'examen de la femme au point de vue de ses sentiments privés, nous allons laisser parler madame de Rémusat, dont l'opinion, comme femme et comme philosophe, est en tous points conforme aux saines lois de la morale et de la raison.

« Plus sensibles et plus dévouées que les hommes, les femmes ignorent cette sorte d'égoïsme que porté au dedans de soi, comme sentiment de sa force, une créature indépendante. Pour obtenir d'elles une action quelle qu'elle soit, il faut presque toujours *les convier au bonheur d'un autre*. Leurs défauts mêmes se rattachent à leur condition. La même cause excitera chez l'homme les émotions de l'orgueil, et chez la femme seulement celle de la vanité. L'orgueil est le sentiment d'une puissance qui se juge ; la vanité se mesure à l'effet qu'on produit, elle a toujours besoin d'un second.

« Ainsi plus on nous observera avec attention, et plus on avouera que nous sommes faites pour la dépendance. La plupart de nos vertus ne s'exercent pas sans quelque exaltation ; il en faut pour s'enchaîner constamment à la suite d'un autre, car souvent la récompense du dévouement se réduit à l'émotion que l'âme reçoit de son sacrifice. Aussi possédons-nous le secret de nous créer facilement des illusions nécessaires qui nous encouragent ou nous consolent. Par elles sont remplacés les avantages de la réflexion, qu'une mobilité naturelle nous rend pénible. La constance d'une seule pensée n'est pas en effet si nécessaire à qui n'a le droit de presque aucune décision. De même encore il nous a fallu le courage qui supporte plutôt que celui qui surmonte, notre métier est d'éviter le danger : le braver appartient à plus fort que nous. Toutes les ressources enfin qui aident la faiblesse nous devaient être familières, il fallait que notre intelligence se trouvât plus prompte à deviner que fertile en aperçus, et qu'elle sût aisément saisir les chances qui nous sont offertes, pour en tirer parti, les fixer et les embellir. Rousseau dit que les femmes sont naturellement coquettes et rusées ; c'est qu'il leur est de première importance de plaire, d'absolue nécessité de réussir. Ne serait-il donc pas possible de tourner à bien ces besoins de leur faiblesse? La société, en ne les prenant pas assez sérieusement, en exploitant leurs défauts au profit de son amusement, ne peut-elle pas se reprocher de les avoir souvent égarées? N'est-ce pas la société qui a développé en elles le goût de l'éclat, le désir de la domination? N'est-ce pas elle qui, par l'excès de ses éloges et quelquefois par la frivolité de son dédain, a exalté leurs prétentions ou encouragé leur inconséquence? Si l'on s'entendait une fois pour leur interdire d'ambitieuses espérances, sans les condamner à la futilité; si l'on cessait de les traiter ou comme des idoles ou comme des jouets, on les verrait reprendre leur place et ne chercher l'évidence que dans les occasions où le devoir fait une loi de s'y exposer. Tenir les femmes à leur véritable rang est vraiment dans l'intérêt des hommes: relever et contenir leur nature par la morale, voilà quel doit être le but de leur éducation.

« En nous rappelant à cette infériorité, notre condition sur la terre, hommage doit être rendu en nous aux dons spirituels que Dieu fait à ses créatures. Car, à moins de refuser aux femmes tout sentiment moral, à moins de prétendre qu'elles n'ont ni raison, ni volonté, ni liberté; enfin, à moins de leur refuser la nature humaine, je ne vois aucun motif de les traiter moins sérieusement que les hommes, de leur dénaturer la vérité sous la forme d'un préjugé, le devoir sous l'apparence d'une superstition, pour qu'elles acceptent et le devoir et la vérité.

« Elles ont droit au devoir, elles ont droit à la vérité, puisqu'elles sont capables de l'un et de l'autre. Nul n'est fondé à leur ravir le privilége d'obéir à la loi divine révélée par la raison. Dépouiller les femmes de cette faculté, c'est violer la volonté de Dieu, en dégradant son ouvrage.... »

Je vois d'ici M. Proudhon, en lisant ces pages, hausser les épaules et sourire de pitié.

Je l'entends me lancer ces phrases *terribles*, dont on retrouve la trace dans ses relations et ses écrits :

— *Vous êtes des bêtes... défendant d'autres bêtes!... car qu'est-ce que la femme? Un être secondaire, un peu plus haut que la bête, mais approchant de la bête !...*

Tout beau, calmez votre colère, monsieur Proudhon, et permettez-moi de mettre en regard de votre doctrine sur la femme ces passages ravissants de l'œuvre d'un poëte qui ne vous le cédait en rien comme philosophe.

Lorsqu'un Dieu, du chaos où dormaient tous les mondes,
Eut appelé les cieux, et la terre, et les ondes,
Eut élevé les monts, étendu les guérets,
De leurs panaches verts ombragé les forêts,
Et dans l'homme, enfanté par un plus grand miracle,
Eut fait le spectateur de ce nouveau spectacle,
Pour son dernier ouvrage il créa la beauté.
On sent qu'à ce chef-d'œuvre il doit s'être arrêté.
Eh ! qu'aurait fait de mieux sa suprême puissance !
Ce front pur et céleste où rougit l'innocence,
Cette bouche, cet œil, qui séduisent les cœurs,
L'une par un sourire et l'autre par des pleurs ;
Ces cheveux se jouant en boucles ondoyantes,
Ce sein voluptueux, ces formes attrayantes,
Ce tissu transparent, dont un sang vif et pur
Court nuancer l'albâtre en longs filets d'azur ;
Tout commande l'amour, même l'idolâtrie.
Aussi, ne lui donnant que le ciel pour patrie,
Des peuples généreux virent dans la beauté
Un emblème vivant de la Divinité.

. . . . . . . . . . . . . . . .
. . . . . . . . . . . . . . . .
Graves censeurs du sexe, à vos regards sévères
Tous ces dons enchanteurs ne sont qu'imaginaires.
Ah! si par vos talents il ne vous peut charmer,
Ses services du moins sauront vous désarmer.
Comment les méconnaître? Avec notre existence
De la femme pour nous le dévouement commence.
C'est elle qui, neuf mois, dans ses flancs douloureux
Porte un fruit de l'hymen trop souvent malheureux.
Et, sur un lit cruel longtemps évanouie,
Mourante, le dépose aux portes de la vie.
C'est elle qui, vouée à cet être nouveau,
Lui prodigue les soins qu'attend l'homme au berceau.
Quels tendres soins! Dort-il; attentive, elle chasse
L'insecte dont le vol ou le bruit le menace :
Elle semble défendre au réveil d'approcher.
La nuit même d'un fils ne peut la détacher;
Son oreille de l'ombre écoute le silence;
Ou, si Morphée endort sa tendre vigilance,
Au moindre bruit rouvrant ses yeux appesantis,
Elle vole, inquiète, au berceau de son fils,
Dans le sommeil longtemps le contemple immobile,
Et rentre dans sa couche, à peine encor tranquille.
S'éveille-t-il; son sein, à l'instant présenté,
Dans les flots d'un lait pur lui verse la santé.
Qu'importe la fatigue à sa tendresse extrême?
Elle vit dans son fils, et non plus dans soi-même;
Et se montre, aux regards d'un époux éperdu,
Belle de son enfant à son sein suspendu.

Oui, ce fruit de l'hymen, ce trésor d'une mère,
Même à ses propres yeux, est sa beauté première.
Voyez la jeune Isaure, éclatante d'attraits :
Sur un enfant chéri, l'image de ses traits,
Fond soudain ce fléau qui, prolongeant sa rage,
Grave au front des humains un éternel outrage.
D'un mal contagieux tout fuit épouvanté;
Isaure sans effroi brave un air infecté.
Près de ce fils mourant elle veille assidue.
Mais le poison s'étend et menace sa vue :
Il faut, pour écarter un péril trop certain,
Qu'une bouche fidèle aspire le venin.
Une mère ose tout, Isaure est déjà prête;
Ses charmes, son époux, ses jours, rien ne l'arrête;
D'une lèvre obstinée elle presse ces yeux
Que ferme un voile impur à la clarté des cieux.
Et d'un fils, par degrés, dégageant la paupière,
Une seconde fois lui donne la lumière.

. . . . . . . . . . . . . . . .
. . . . . . . . . . . . . . . .

L'enfant, de jour en jour, avance dans la vie :
Et, comme les aiglons, qui, cédant à l'envie
De mesurer les cieux, dans leur premier essor
Exercent près du nid leur aile faible encor,
Doucement soutenu sur ses mains chancelantes,
Il commence l'essai de ses forces naissantes.
Sa mère est près de lui; c'est elle dont le bras
Dans leur débile effort aide ses premiers pas;
Elle suit la lenteur de sa marche timide;
Elle fut sa nourrice, elle devient son guide.

Elle devient son maître, au moment où sa voix
Bégaye à peine un nom qu'elle entendit cent fois :
MA MÈRE est le premier qu'elle l'enseigne à dire.
Elle est son maître encor dès qu'il s'essaye à lire ;
Elle épelle avec lui dans un court entretien,
Et redevient enfant pour instruire le sien.
D'autres guident bientôt sa faible intelligence,
Leur dureté punit sa moindre négligence ;
Quelle est l'âme où son cœur épanche ses tourments ?
Quel appui cherche-t-il contre les châtiments ?
Sa mère ! elle lui prête une sûre défense,
Calme ses maux légers, grands chagrins de l'enfance :
Et, sensible à ses pleurs, prompte à les essuyer,
Lui donne les hochets qui les font oublier.
Le rire dans l'enfance est toujours près des larmes.

(LEGOUVÉ, *Mérite des Femmes*.)

On se sent le cœur joyeux, après la lecture de ces vers ; ils font oublier le chapitre de M. Proudhon sur la femme.

On se sent renaître à la vérité ; on peut embrasser sa mère !

On ne maudit plus enfin l'humanité ; l'œuvre inspirée par Dieu a détruit le livre du Démon.

. . . . . . . . . . . .

Comme épouse et comme mère, la femme a des droits ; elle a aussi des devoirs à remplir.

Le premier de ces devoirs, dans l'état de mariage, est l'obéissance à son mari ; cette obéissance est une conséquence naturelle de l'état physique secondaire de la femme.

Chez l'homme, en effet, on trouve la force, la virilité, l'action, la volonté ; chez la femme on ne trouve que l'affinité de ces principes primordiaux de l'espèce mâle, c'est-à-dire la douceur, la grâce, la sensibilité, et la perception exquise des peines et des joies de la Famille.

Mais doit-on conclure que, la femme ne possédant que des qualités relatives, il est juste qu'elle s'annihile devant la volonté du mari, et qu'elle cesse d'avoir un *moi* raisonnant et intelligent ?

Non ; et la prétendue égalité relative des femmes, que l'on croit contraire à la hiérarchie du mariage, est une supposition toute gratuite. Car, en principe, si l'homme valait mieux, la femme vaudrait mieux aussi.

Dans toute association où il y a un être fort et un être faible ; que le fort se dégrade, il entraînera fatalement la chute du faible.

Qu'il résiste au contraire, qu'il lutte, qu'il s'améliore, le faible alors se soutiendra, les choses reprendront leur équilibre, et la véritable supériorité reprendra sa place.

Un sage a dit : Les fautes des femmes sont le corollaire des torts du mari.

Cet axiome est vrai ; il prouve efficacement que, dans l'intérieur d'un ménage, les qualités du père de famille influent au plus haut point sur la conduite de la femme, et souvent sur celle des enfants. L'homme ne doit jamais faire plier la femme sous une volonté sans explication, car la soumission passive engendrerait la résignation, douleur cruelle de l'âme; ou l'hypocrisie de la résignation, sorte de haine comprimée, qui conduit la femme au mépris de l'homme, et devient la source de tous les désordres conjugaux.

Il faut donc établir, dans le ménage, la *solidarité* réciproque ; les deux époux en recueilleront un avantage réel pour le bonheur et l'intérêt mutuel.

« Une disposition naturelle, et aussi leur situation, porte les femmes à l'observation du caractère de ceux à qui elles ont affaire. Dans l'union la mieux assortie, elles s'y seront appliquées longtemps avant que bien des maris y aient pensé. Même il se pourrait que, pour leur bonheur, les hommes n'y pensassent pas assez. Quoi qu'il en soit, une femme qui a su découvrir le secret des qualités ou des faiblesses de son mari, parviendra sans le blesser à l'avertir pour le bien de tous deux. Dans l'occasion, elle calmera son impétuosité ou pressera son indolence ; s'il le faut, elle lui inspirera les vertus mêmes qui ne lui manquent qu'à cause d'elle : elle saura, par exemple, le préserver du repentir, en consacrant d'avance par un généreux consentement le sacrifice d'une situation brillante dont la perte n'afflige souvent un mari que pour sa femme ou ses enfants. Un père, placé entre son devoir et le bien-être de sa famille, pourrait être tenté de transiger ; sa conscience et sa tendresse doivent être en repos, si l'amour maternel a accepté son sacrifice.... »

(Madame DE RÉMUSAT.)

Ainsi, en principe, la femme doit obéissance à

son mari ; non cette obéissance passive de la brute que veut M. Proudhon, mais une obéissance raisonnée, puisée dans la confiance mutuelle des deux époux, dans les devoirs réciproques du mari envers la femme, et *vice versâ.*

Cette théorie ne vaut-elle pas mieux, basée qu'elle est sur la Religion et la morale, que celle du philosophe révolutionnaire, repoussant la femme comme *sa compagne, son associée*, et lui lançant cet anathème :

*Tu ne peux être mon épouse, malédiction sur la nature !... Que le monde périsse, je l'écrase !...*

J'en appelle à tous les hommes d'honneur !

Mais détournons nos regards de pareilles sottises.

Non, ce ne sont pas les barreaux d'une prison qu'il faut à M. Proudhon, ce sont les cabanons de Bicêtre, avec force douches d'eau froide pour lui rafraîchir le cerveau.

La femme, dans le cercle de ses devoirs, doit encore prendre soin de son ménage, veiller à tous les détails intimes, et aider son mari, chef de la communauté. Elle doit aussi le consoler quand il souffre, le soigner quand il est malade, partager sa bonne et sa mauvaise fortune, calmer les emportements de son caractère par ses caresses et la douceur de ses exhortations, lui être fidèle et dévouée en un mot, entourer la vie de l'homme de ces charmes enchanteurs qui sont l'apanage de la femme, et dont elle puise la source dans son cœur.

Passons aux droits.

La femme, dans la Famille, a droit au respect du mari, à sa protection et à son assistance; elle a aussi droit de conseil.

Parlons d'abord du respect marital.

Dans la vie sociale, l'homme effleure, avant de se conjoindre, le velouté de sa jeunesse au contact des plaisirs, et souvent laisse dans le buisson de ses aventures galantes une partie de son estime pour le sexe auquel appartient sa mère.

Cette première fougue passée, il songe à prendre une compagne.

Avisant alors, dans un centre honorable, une candide jeune fille, il lui fait l'offre de son cœur et de sa main. La Famille agrée d'autant plus volontiers que le passé du futur, quelque peu échevelé, est une sorte de garantie pour l'avenir, et les deux jeunes gens se marient.

La jeune fille apporte à son mari les prémices de ses sentiments, l'innocence de son âme et l'inexpérience de la vie. Elle ignore qu'il y a des femmes éhontées pour lesquelles la pudeur n'existe pas; elle ignore que la corrélation amoureuse de deux époux, symbole sacré de la Famille, n'est pour ces femmes qu'une action bestiale, servant à procurer des sensations plus ou moins vives, faisant, comme elles disent, passer gaiement l'existence; elle ignore enfin qu'entre une action sublime d'où naît la sainte maternité, et une souillure corporelle, il y a une similitude qui, si elle n'est pas analysée dans son sens véritable, peut amener chez l'homme dont le cœur ne serait pas droit une familiarité vicieuse, pouvant plus tard engendrer d'irrespectueuses comparaisons. Elle ignore tout cela; dans sa virginité, elle se livre sans arrière-pensée aux caresses de l'époux qu'elle aime, et un jour peut-être cet époux brisera son cœur en oubliant vis-à-vis d'elle le *respect* du mari.

C'est contre cet écueil que l'homme doit tout d'abord se prémunir; s'il veut conserver son bonheur domestique, il observera, avant tout, le respect à l'épouse, le respect à la mère de ses enfants.

Que penseriez-vous d'un mari à la façon de M. Proudhon, qui dirait à sa femme :

*La femme est un moyen terme entre l'homme et le reste du règne animal;*

*Elle n'est douée d'aucune initiative, et sans l'homme elle ne sortirait pas de l'état bestial.*

Évidemment cette femme ne pourrait aimer ni estimer un tel mari; elle pourrait tout au plus, créature douce et résignée, le supporter comme un monomane en délire et dépourvu du sens moral. En ce cas, il n'y aurait plus *amour conjugal,* mais *pitié.*

Donc, je le répète, la base du bonheur domestique, c'est le respect du mari.

Le mari doit à l'épouse protection et assistance.

Quelle que soit la sagesse des lois, quelle que soit la vigilance des magistrats, on n'empêchera pas que des hommes pervers cherchent, par la ruse ou par la force, à abuser de la faiblesse physique ou morale de la femme.

C'est donc au mari de veiller sur son épouse et d'écarter d'elle les dangers qui menacent son inexpérience.

Car il doit comprendre en effet que la jeune fille, devenue sa compagne dans les conditions que nous avons exposées plus haut, ne peut parer aux embûches qu'elle rencontrera à chaque pas dans la société. C'est lui, l'époux, qui le premier a pénétré dans les arcanes de cette candeur, de cette innocence primitive; c'est lui qui a initié la vierge aux mystères de la conception et de la maternité; c'est lui qui le premier a fait palpiter son sein sous les étreintes de la volupté; c'est lui qui a allumé en elle l'ardeur des sens, c'est lui enfin qui a été le promoteur de ce sentiment inconnu qui enivre l'âme et que l'on nomme AMOUR.

Mais il n'a, malgré toutes ces choses, soulevé encore qu'un coin du voile de la vie. Derrière l'autre coin se cache le VICE, développement de la volupté; le VICE, qui a aussi ses mystères, bouleverse l'intelligence et sollicite des désirs impudiques; le VICE, apanage du débauché.

Comment la femme, ignorante des ruses qu'emploie le débauché pour arriver à ses fins, pourra-t-elle lui résister sans le concours d'une intelligence plus instruite que la sienne? Et qui peut répondre qu'à un moment donné, malgré elle, malgré les saintes traditions de la Famille, elle n'aimera pas ce débauché qui aura égaré sa raison, corrompu son cœur, et l'aura fait boire à la coupe empoisonnée des aspirations du vice?

A qui s'en prendra l'époux des désordres et de l'inconduite de l'épouse?

A lui-même, rien qu'à lui, qui n'aura pas couvert de sa protection l'enfant naïve et pure qu'une famille lui avait confiée; à lui-même qui n'aura pas veillé sur son trésor, et ne l'aura pas préservé, à l'aide de son expérience, des séductions d'un monde trompeur et égoïste.

Mais à quoi bon cette protection, dira l'un des apôtres de M. Proudhon, elle n'empêchera rien ; *la femme d'elle-même est impudique, et si elle rougit, c'est par la crainte de l'homme?*

La femme impudique de nature !... mais elle donne chaque jour des preuves du contraire.

Laissons parler plus éloquent que nous.

. . . . . . . . . . .

Quel éclat doit ce sexe à sa vertu suprême !
Mais ne la montre-t-il que sous le diadème ?
A l'exercer partout son cœur est empressé.
Ouvre-toi, triste enceinte où le soldat blessé,
Le malade indigent, et qui n'a point d'asile,
Reçoivent un recours trop souvent inutile.
Là, les femmes portant le nom chéri de sœurs,
D'un zèle affectueux prodiguent les douceurs.
Plus d'une apprit longtemps dans un saint monastère,
En invoquant le ciel, à protéger la terre ;
Et, vers l'infortuné s'élançant des autels,
Fut l'épouse d'un Dieu pour servir les mortels.
O courage touchant ! ces tendres bienfaitrices,
Dans un séjour infect, où sont tous les supplices,
De mille êtres souffrants prévenant les besoins,
Surmontent les dégoûts des plus pénibles soins ;

Du chanvre salutaire entourent leurs blessures,
Et réparent ce lit témoin de leurs tortures,
Ce déplorable lit, dont l'avare pitié
Ne prête à la douleur qu'une étroite moitié.
De l'humanité même elles semblent l'image ;
Et les infortunés que leur bonté soulage
Sentent avec bonheur, peut-être avec amour,
Qu'une femme est l'ami qui les ramène au jour.

(Legouvé, *Mérite des Femmes.*)

En effet, la femme est impudique ; mais impudique jusqu'au dévouement, impudique jusqu'à l'abnégation, impudique enfin au point de n'être plus rien par elle-même, et de forcer par ses œuvres d'adorer le Créateur dans la créature.

Impudique en ce sens, nous le voulons bien ; alors Legouvé est de notre avis, et ses vers sublimes sont l'expression pure de la vérité.

Pour en revenir à l'état social du mariage, l'époux doit donc protection à sa femme, au nom de la morale, de la Famille, au nom de son bonheur personnel et du bonheur conjugal. Il doit soutenir sa faiblesse morale et physique, car elle a besoin, suivant la belle expression d'un sage, d'un guide expérimenté qui l'empêche d'accrocher sa robe d'innocence aux ronces du chemin.

L'assistance de l'époux est encore un devoir impérieux du mariage ; il tient à l'état naturel de la femme, à la position que lui a faite la société, et à deux causes qui l'empêchent de se suffire dans la mesure complète de ses besoins.

Quelles sont donc ces deux causes ?

La première est l'infériorité des salaires. Cette infériorité ne permet pas à la femme de gagner, en prenant soin de son ménage, la vingtième partie de ce qu'il faut à la dépense d'une maison d'ouvriers, par exemple.

La femme gagne en moyenne vingt sous par jour en travaillant douze heures. Admettez qu'elle consacre cinq de ces heures aux devoirs domestiques, le salaire se trouvera réduit à cinquante centimes.

Déduisez ensuite le chômage inévitable d'une ouvrière travaillant peu, les indispositions naturelles, vous arriverez de suite à trente centimes par jour.

Or, qu'est-ce que trente centimes en face

des charges du loyer, de la nourriture et de l'entretien, choses les plus ordinaires d'un ménage?

La seconde cause, inhérente à la nature, est la *maternité*.

Quelle que soit la rigueur de certains philosophes, ils ne seront pas plus cruels pour la femme que pour les animaux, je pense; car alors que la femelle des animaux élève ses petits, ils pourvoient à sa nourriture.

Donc, en principe philosophique et social, le mari ou le mâle doit assistance à sa femme; en contractant l'union, il en prend, du reste, l'obligation devant Dieu et les hommes.

Ce devoir du mari implique, en revanche, à la femme le devoir non moins impérieux de l'*Éducation maternelle des enfants*.

L'Éducation maternelle s'arrête, pour les garçons, à l'âge de sept ans, âge auquel ils entrent en pension, c'est-à-dire sont confiés à des mains étrangères. Pour les filles, elle ne cesse qu'au jour même du mariage.

Cependant ce n'est pas, à notre avis, lorsque l'enfant ne possède encore aucune perception, aucune idée, lorsqu'il ne réclame de sa mère que des soins hygiéniques et tout matériels, que commence réellement l'Éducation maternelle, ou au moins qu'elle doit commencer. C'est à l'âge de deux années, lorsque l'enfant *voit*, *entend* et *comprend*, et qu'il peut témoigner de la jouissance de ces facultés : *voir*, *entendre*, *comprendre*, sinon par des réponses verbales, au moins par des gestes ; car il me paraît certain qu'à cet âge il peut déjà contracter de bonnes ou de mauvaises habitudes, selon la direction qui lui est donnée.

La mère de famille doit bien se pénétrer de cette pensée : qu'il n'y a point de petits défauts ; et que toute habitude mauvaise porte avec elle ses fruits dans l'avenir.

Un défaut en engendre toujours plusieurs autres malheureusement ; tout dans la nature se propage par reproduction. Il faut donc corriger les défauts dès leur origine.

Le premier et le plus difficile des devoirs maternels est de rectifier, en principe, une volonté enfantine exprimée d'une manière trop impérative.

Doit-elle pour cela employer la violence ? — Jamais.

Elle cherchera, au contraire, à détourner l'idée fixe de l'enfant, et l'habituera par d'innocentes ruses à la plus complète soumission.

Lorsque l'enfant commencera à parler, à comprendre sommairement ce qui se passe autour de lui, elle cherchera à lui inculquer les premières notions de la Religion. Elle lui fera sentir que Dieu est l'auteur de ces belles choses qu'il voit : les fleurs, les arbres, les oiseaux ; et que c'est ce même Dieu qui a créé son père, sa mère et lui-même.

Puis, matin et soir, elle lui fera dire une petite prière de quelques mots, hymne de reconnaissance et d'amour à l'Éternel.

« De l'amour de Dieu, dit saint Vincent de Paul, dérive pour l'enfant le respect et l'affection pour ses père et mère, ses représentants auprès de lui sur la terre. »

La mère doit aussi habituer l'enfant à exercer la charité envers ses semblables.

« Ouvrez le cœur de l'enfant à la charité, dit Bossuet ; car cette vertu, un jour, développera en lui ses deux sœurs : la Foi et l'Espérance.

Il est urgent aussi, en considération de l'avenir, qu'elle l'occupe de bonne heure à se rendre compte de ce qui est à sa portée. Il faut en ce cas qu'elle réponde à ses questions avec douceur, bienveillance et *précision ;* de la sorte, elle éloignera de lui les mauvaises interprétations, la tendance à l'erreur, et développera à la fois son jugement, son intelligence et son cœur.

Le langage des parents doit toujours être empreint d'une sage réserve en présence de l'enfant. Ce dernier puise dans la vie de Famille les préceptes moraux qui plus tard lui servent de sauvegarde contre les vices de la Société.

Point de querelles, point de propos licencieux ; une très-grande réserve dans toutes les actions : telle est la ligne de conduite à suivre par les époux dans l'intérieur du ménage.

L'Éducation maternelle consiste encore à inspirer le respect profond du père ; et, dût l'amour-propre de la mère en souffrir, le représenter comme le chef absolu de la Communauté, comme le principe de la force, de l'intelligence et de la volonté.

En ce qui touche les vices, il est d'urgence de les réprimer chez l'enfant.

Et d'abord le mensonge et la ruse, source de tous les maux de la Société.

C'est par le mensonge et la ruse, en effet, que naissent les querelles, les procès, les crimes et même les révolutions; c'est par le mensonge et la ruse que se brouillent les ménages, que se désunissent les Familles.

« Chassez ces deux vices de l'humanité, a dit Rousseau, et vous aurez rendu aux hommes la paix et le bonheur sur cette terre. »

Il existe encore un autre vice inhérent à la nature de l'homme, et qu'il faut détruire chez l'enfant : c'est la paresse.

Le meilleur moyen de le combattre, c'est de solliciter le goût du travail par une occupation tour à tour utile et agréable.

Ainsi, par exemple, on peut faire épeler à l'enfant ses lettres tout en lui lisant de petites histoires, amusantes pour sa jeune intelligence;

et lui faire assembler les mots du *Pater noster* en lui parlant de Dieu et des merveilles de la création.

Veiller à la propreté du corps, punir et réprimer la gourmandise, le premier défaut de l'enfant et le dernier du vieillard, fait encore partie de la vigilance des mères.

Telles sont à notre avis, les notions principales de l'*Éducation maternelle* qui s'appliquent sans inconvénient aux deux sexes de la première enfance.

Mais, qu'il me soit permis de donner ici quelques avis sur le système primitif d'éducation des enfants.

La mère de Famille ne doit pas se départir de ce principe : que le sang-froid, le calme, l'observation, la douceur, sont les auxiliaires indispensables de la tâche qu'elle entreprend.

L'enfant est observateur inné ; il examine, pressent, devine même ; employez donc avec lui moins les paroles dures que le raisonnement.

Soyez sobre de punitions, ne le frappez jamais ; les coups le rendraient plus mauvais en lui faisant perdre le sentiment de sa dignité, et engendreraient dans son cœur la haine de la domination et souvent de la dominatrice.

Combien de mères, par de sots emportements, se sont aliénées l'esprit de leurs enfants et ont perdu sur eux cette prépondérance si douce, résultat de l'amour filial !

Cette abnégation humaine est difficile à exiger, c'est vrai ; la mère, femme avant tout, souffre des chagrins que lui fait éprouver le petit rebelle ; elle comprime à peine sa colère devant l'ingratitude naissante du fruit de ses entrailles. Mais aussi quelles récompenses suaves lorsqu'elle peut suivre, jour par jour, les progrès de son élève, et qu'elle voit graduellement s'opérer la transformation qui est son ouvrage. L'*Éducation maternelle* est la source de jouissances infinies.

Ce n'est cependant pas l'avis de M. Proudhon. Écoutons ce prophète de la destruction :

*Tant que j'ai été enfant, j'ai dû obéir ; et j'ai obéi ; parvenu à l'âge de majorité, mon père* étant vieux et cassé, je me suis trouvé, par mon intelligence et mon travail, chef de la Famille, et pour ma mère elle-même un mari ; donc, j'ai pris et j'ai dû PRENDRE le COMMANDEMENT....

Homme dénaturé, sot orgueilleux ; il a osé commander, *en mari*, à la femme qui l'avait porté dans son sein, qui avait guidé ses premiers pas, et essayé de fomenter dans son cœur l'amour de Dieu et de ses semblables !

Il a osé dominer de son autorité celle qui avait développé l'intelligence que l'orgueil a depuis abrutie !

Il a douté de sa mère ; et lui a fait l'application, comme aux autres femmes de sa religion à lui :

*La femme est la désolation du juste ;*
*La femme n'a pas d'âme intelligente.*

Devant de telles ignominies la plume me tombe des mains. Et doit-on croire à ces paroles de Rousseau :

« L'homme est un monstre ; l'homme est né ingrat. »

. . . . . . . . . .

La seconde période de l'*Éducation maternelle* s'adresse à l'*Éducation des filles*.

Tout en faisant suivre des classes à sa fille, la mère ne doit pas s'en éloigner ; car elle seule peut semer dans la jeune intelligence les préceptes qui plus tard feront aussi l'épouse et la mère.

Le principe de cette éducation s'appuie sur la Religion, base de l'ordre moral. Les questions relatives sont l'étude de la langue natale, de l'histoire, des mathématiques, etc., etc.; étude puisée dans de bons livres, sérieusement écrits et sevrés des images romanesques qui exaltent le cerveau et dépravent l'âme. On ne saurait trop user de bonnes lectures, et des entretiens avec des personnes d'une éducation élevée et solide ; nous ajouterons que les travaux d'aiguille sont indispensables à connaître, car ils peuvent être fort utiles dans l'adversité.

La mère surveillera et encouragera, tout en récompensant les efforts et les résultats.

En ce qui concerne la partie morale de l'éducation, si la mère comprend bien ses devoirs, elle mettra un soin tout particulier à rendre égal le caractère de sa fille ; car l'inégalité de ce genre, appelée fantasque des idées, est plus tard une cause incessante de querelles domestiques, et souvent des désordres de la femme.

Elle apprendra à son enfant que, l'existence n'étant qu'une suite de déceptions, on doit les supporter avec résignation, et à chaque épreuve élever son âme à Dieu, ce dispensateur de toutes choses.

Elle lui fera comprendre aussi que le manque de courage dans l'adversité nous rend plus insupportable encore le poids de nos maux ; qu'un mauvais caractère nous rend à charge à tout ce qui nous entoure, qu'il éloigne de nous même nos amis les plus dévoués, et que nous n'avons pas le droit d'être égoïstes au point de faire souffrir nos semblables de nos maux et de nos ennuis personnels.

Mère prudente, elle habituera sa fille à être, dans le commerce ordinaire de la vie, douce, bonne, prévenante, et à commencer de bonne heure le rôle si beau d'abnégation, apanage des saintes femmes sur la terre.

Elle l'habituera encore à être d'une franchise aimable, sans roideur, sans affectation ; à ne jamais tolérer de raillerie sur des personnes laides, contrefaites ou sottes. La beauté, l'esprit, la grâce, ne sont des dons qu'à la condition d'être dissemblables :

« Si tous les hommes étaient beaux, pense Voltaire, ils se verraient tous vilains. »

La jeune fille se persuadera que la bienveillance est une qualité première, et ne répondra jamais avec impertinence.

« Il n'y a d'impolies et d'impertinentes que les servantes parvenues ou les filles de duchesses mal élevées. » (*Madame de Genlis.*)

La discrétion et la réserve doivent aussi faire partie de l'*Éducation maternelle*, et, par conséquent, des qualités sociales d'une jeune fille.

Le babillage est un défaut commun chez la femme. La cause existe-t-elle dans la nature, ou dans un manque d'éducation primitive, qui puiserait son origine dans la faiblesse des mères à réprimer un défaut qu'elles possèdent elles-mêmes à un degré fort élevé ?

Ceci est un problème que nous n'essayerons pas de résoudre.

D'ailleurs, si l'on traite les femmes de bavardes, la Fontaine n'a-t-il pas écrit :

>Rien ne pèse tant qu'un secret,
>Le porter loin est difficile aux dames ;
>Et je sais même, sur ce fait,
>Bon nombre d'hommes qui sont femmes.

En un mot, il faut que la mère prélude de toutes ses forces à la vocation des femmes sur terre, vocation qui consiste à entretenir au sein de la Famille et des relations sociales la paix et la bonne harmonie, et à exercer la charité envers le prochain.

Nous arrivons maintenant à la première Communion, symbole religieux qui fait époque dans la vie, et sépare l'enfance de la jeunesse.

La première Communion exerce une influence très-grande sur le moral et l'intelligence ; les natures les plus lourdes éprouvent une transformation relative lors de l'accomplissement de ce devoir.

Aussi les parents ne doivent-ils jamais regretter le retard momentané dans les études qu'entraîne forcément l'accomplissement du premier hommage intelligent rendu par la créature à son Créateur.

D'ailleurs, l'instruction de l'âme est plus précieuse que celle de l'esprit, car elle porte avec elle une lumière fécondatrice qui vivifie l'intelligence.

La première Communion s'accomplit toujours sous l'égide de la mère de Famille, qui en dirige les préparatifs, et veille à ce qu'aucune parole inconvenante ne vienne effleurer de son souffle impur l'âme virginale de la communiante, qu'aucun souffle incrédule ne ternisse ce miroir du cœur, dans lequel se reflète pour elle l'image du Fils de Dieu fait homme.

Quel serait, par exemple, le résultat de la lecture faite en Famille, au milieu des enfants, du livre de M. Proudhon?

Quelle jolie préparation pour une première communion que l'audition de ces paroles :

*On prétend que les femelles d'animaux, par on ne sait quel instinct, recherchent de préfé-*

*rence les vieux mâles, les plus méchants et les plus laids : la femme, quand elle ne suit que son inclination, se comporte de même....*

*Les enfants n'ont pas de pudeur; les adolescents, jusqu'à la puberté, fort peu....*

De telles maximes sont corruptrices au premier chef.

L'homme qui a osé les écrire a fait une œuvre de démoralisation que la justice divine punira plus sévèrement encore que la justice humaine.

La troisième et dernière période de l'Éducation maternelle des filles embrasse l'époque de la puberté jusqu'au moment du mariage.

La première Communion accomplie, la mère maintient sa fille, par l'exemple et la persuasion, dans les sentiments de piété que cet acte religieux développe dans les natures honnêtes.

« Il faut avoir soin de continuer l'exercice des devoirs religieux; la Religion est la sauvegarde de la pudeur. »

Puis, c'est encore dans la Religion que l'on

puise la Charité envers le prochain, l'amour de la vérité, la résignation aux souffrances terrestres, et la force d'accomplir ses devoirs, quelque rigoureux qu'ils puissent être.

Une jeune fille pénétrée des lois de la Religion deviendra une bonne épouse, une bonne mère, comme déjà elle a été une bonne fille.

« L'enfant de Dieu, dit saint Paul, ne saurait suivre la route du Démon. »

Laissons de côté les études scientifiques réservées à quelques intelligences privilégiées et que peuvent seules acquérir les filles qui appartiennent à des Familles aisées; occupons-nous de l'éducation domestique, qui est de toutes les classes, de toutes les conditions, et fait la richesse du ménage pauvre, en conservant celle du ménage riche.

A l'âge de quinze ou seize ans, époque où la jeune fille saisit les nuances de la vie, la mère doit s'appliquer à l'initier aux soins du ménage, à la dépense qu'il nécessite, aux petits secrets d'économie intérieure, à la familiarité de cette sorte d'administration, afin que les détails s'incrustent pour ainsi dire dans sa mémoire.

L'ordre est la richesse d'un ménage, et je ne sache pas de fortune, quelque colossale qu'elle soit, qui puisse résister à la gestion prodigue d'une maîtresse de maison.

Sur ce chapitre, les mères doivent être impitoyables, et se pénétrer que l'ordre est le principe de toute Propriété.

Songeons aussi à la toilette.

La coquetterie est sans contredit le péché mignon de la femme.

Je ne veux pas, censeur trop sévère, appeler les foudres humaines sur ce péché, car au fond il a bien son charme.

Une femme sans coquetterie est une rose sans pétale, un lis sans parfum, un oiseau sans plumage; la coquetterie enfin est le beau idéal de la femme.

Or, comme tout ce qui est beau a sa raison d'être, je ne saurais blâmer ce péché mignon.

Seulement, il ne faut pas que la coquetterie soit exagérée; qu'elle absorbe les ressources de la Famille.

Il est donc nécessaire que la jeune fille soit vêtue décemment; qu'elle ne suive pas ces modes ridicules qui excitent les rires impudiques des libertins; que sa mise soit conforme à sa condition; le monde ne tient pas compte des faux semblants de richesse, et telle femme qui portera une toilette excentrique s'expose à entendre prononcer, derrière elle, ce dicton populaire : *Tout ce qui reluit n'est pas or.*

Mères vigilantes et attentives, veillez sur la coquetterie de vos filles; songez qu'elle est presque toujours la cause prépondérante de la chute des femmes.

Par quels moyens employés les libertins et les débauchés enlèvent-ils des épouses à leurs maris, des filles à leurs mères, des mères à leurs enfants?

Par la tentation du luxe. Ils font briller aux yeux de ces faibles créatures de belles toilettes, des diamants, des bijoux, et, vaincues par l'éclat fascinateur de ces oripeaux, amalgamés de quelques phrases bien jouées, de quelques larmes bien feintes, les malheureuses oublient leurs devoirs, et se livrent aux caresses impures d'un séducteur... qui les abandonnera bien tôt, en leur jetant la honte et le mépris au visage.

Sont-elles seules coupables?

Non.

Car les mères n'ont pas assez veillé; bien mieux, elles ont développé chez leurs enfants la passion de la coquetterie.

Ce ne sont pas les filles qui se prostituent ainsi; ce sont les mères qui, par leur imprudence coupable, se prostituent en la personne de leurs enfants !

Voilà comme nous entendons la moralisation de la femme, monsieur Proudhon; et nous y croyons fermement, car nous avons pour nous l'expérience du passé et les aspirations de l'avenir.

Tant pis si elle vous paraît rétrograde, cette méthode, à vous *homme de progrès*.

Mais aussi tant pis pour vous qui désespérez entièrement de la femme; tant pis pour vous qui dites :

*La femme n'a d'autre aptitude que l'amour;*

*Si la femme est dévote, elle se retire en Dieu et dans l'égoïsme;*

*Si elle est mondaine, saisie par l'amour, elle en épuisera toutes les fantaisies, toutes les figures.*

Tant pis pour vous, enfin, qui concluez :

*Sa réduction au néant par la démonstration de sa triple et incurable infériorité.*

———

Nous arrivons maintenant au mariage, époque solennelle qui fait jaillir des yeux maternels des larmes de crainte et d'espérance.

Nous laissons encore cette fois parler, sur ce sujet, une plume plus compétente que la nôtre, madame Molinos-Laffitte.

« L'heure de la séparation approche ; le mariage enfin, ce but vers lequel tendent tous les vœux d'une mère, dans les conditions qui peuvent assurer le bonheur de sa fille.

. . . . . . . . . . . .

« Cette affaire si sérieuse du choix d'un mari est d'autant plus grave, que celle qu'elle concerne ne peut la décider elle-même ; c'est une responsabilité effrayante pour les parents ;

qui ne peuvent l'accepter que dans la conviction intime d'agir avec la conscience de l'affection la plus tendre. Il est des circonstances qui commandent et ôtent parfois, jusqu'à un certain point, la liberté du choix ; on n'est pas toujours maître de décider du sort de son enfant ; mais, lorsque la position permet d'attendre et de n'accepter que celui qui réunit le plus de qualités désirables, on ne saurait trop s'attacher, après ces premières conditions dont on ne peut s'écarter quand même, je veux parler de la délicatesse et des sentiments d'honneur ; on ne saurait trop se préoccuper, dis-je, de cet accord des goûts qui, plus que tout le reste peut-être, fait les unions heureuses. On peut se contraindre huit jours, un mois, six mois à la rigueur ; mais toute la vie, c'est impossible sans être souverainement malheureux.

« Au moment de former le lien qui doit ôter à la jeune fille l'appui de sa mère, pour la soumettre à une autorité nouvelle et la laisser, sous certains rapports, voler de ses propres ailes, il est bon de parler à sa raison et à son cœur, et de lui faire entrevoir quelques-unes des difficultés qui l'attendent ; combien, passé ce premier temps de la lune de miel, il lui faudra de raison, de patience, de courage et de résignation peut-être !

« Il faut lui inspirer un grand respect d'elle-même et de sa propre dignité, en même temps que le dévouement et l'abnégation. On ne doit pas lui faire considérer le monde comme un lieu de divertissement semé de bals, de spectacles et de plaisirs ; le mariage, comme un affranchissement et le signal de la liberté, et un ciel sans nuage ; enfin le mari, comme un adorateur éternellement à ses genoux ; mais il faut faire envisager à la jeune fille cette position nouvelle sous son véritable point de vue. Qu'elle comprenne que le monde ne donne que ce qu'il reçoit ; que ses louanges ne sont que fumée, qu'une maladie ou des revers l'éloignent de vous, et qu'il oublie avec une facilité sans égale, même ses plus chers favoris.

« Il faut qu'elle apprenne à envisager le mariage comme l'acte le plus grave de la vie, celui qui impose les plus impérieux devoirs et souvent les plus immenses sacrifices; une épreuve à deux enfin, puisque l'existence la plus heureuse n'est que cela.

« Combien de jeunes personnes, au contraire, ne considèrent le mariage que comme une occasion de porter des bijoux, des cachemires, et de jouir du privilége de s'entendre appeler Madame ! Combien d'autres, hélas ! apportent à cette association si sérieuse les pensées les plus romanesques, fruit d'une éducation peu raisonnée, et s'imaginent trouver dans un mari un attentif dont la galanterie ne doit jamais se démentir ! Que d'illusions s'évanouissent alors ! Quelles déceptions les suivent !

« Il faut donc tâcher, sans désenchanter complétement cette imagination inexpérimentée dans sa foi, de faire pressentir à la jeune fille, près de devenir femme, une partie des épreuves que peut lui réserver l'avenir. Il faut combattre, comme un élément de malheur, un penchant trop prononcé à la jalousie, et lui persuader qu'en certaines occasions le pardon et l'oubli peuvent devenir les meilleures armes.

Enfin, si l'on ne peut garantir absolument l'avenir de toute souffrance, il faut s'efforcer au moins de donner d'avance les préservatifs et de faire envisager la vie sous son point de vue réel, afin que la pratique, en détruisant des rêves trop exaltés, n'amène point un jour le découragement, le désespoir peut-être, et tous les maux qui sont la suite de la perte d'une illusion chez certaines organisations trop ardentes. »

. . . . . . . . . . .

Quelle description fraîche et vraie de la jeune fille sur le point de contracter le mariage !

Il faut être vraiment femme, et femme de cœur et de goût, pour expliquer ce passage de l'innocence à l'expérience.

Laissons donc terminer madame Molinos-Laffitte :

« En résumé, toute mère sage devra s'attacher à faire de sa fille une personne sensée et à lui faire envisager le mariage sous un aspect réel, et non pas comme un roman dont le héros est le mari. Elle devra lui faire comprendre que, destinée avant tout à être l'amie, elle doit être souvent aussi la consolatrice. Résignée aux épreuves qui seront presque inévitablement son partage, qu'elle les subisse avec courage et dignité; qu'elle cherche incessamment à réunir les rameaux épars de la Famille, sans faire de l'égoïsme de son amour pour les siens; qu'elle s'apprête aux souffrances qu'amènent des affections nouvelles; qu'en un mot elle se fortifie et voie de grands devoirs à remplir là où tant d'autres ne comptent trouver que plaisirs, indépendance, et qu'un mari toujours épris. »

Ici se termine, pour la mère, l'*Éducation maternelle de sa fille*.

C'est à l'homme, c'est au mari, à son tour, qu'appartient le soin de développer, de féconder le germe des vertus domestiques dans le cœur de sa femme.

C'est à lui de perfectionner une éducation qui vient se compléter des devoirs de la maternité.

La mère de famille n'a plus qu'à recueillir le fruit de sa tendresse, de ses devoirs, et à aider de ses conseils, toujours calmes et modérés, l'enfant de ses entrailles, devenue comme elle épouse et mère.

Sa place est marquée au foyer filial, place d'honneur où ses *petits-enfants* viendront la trouver, lui prodiguer leurs caresses, entourer son cou de leurs petits bras potelés, et réclamer un baiser qu'elle dépose avec amour sur leurs joues rosées; baiser de la Famille, baiser de la grand'mère, symbole de la bénédiction que Dieu donne à ses enfants.

Puis, quand l'âge, cette monnaie de la mort, forcera la vieille et digne femme à s'incliner sur la tombe, tous ceux qui l'aiment, tous ceux qu'elle aime entoureront son lit de souffrance, et l'aideront par leur tendresse à traverser le terrible passage de la vie à l'Éternité.

Et, lorsque l'âme sera retournée à Dieu, son Créateur, la Famille en larmes lui fermera religieusement les yeux, et déposera dans la terre sa dépouille vénérée.

Elle pourra dormir en paix, la sainte femme, son souvenir ne sera pas oublié. Il traversera d'âge en âge les générations qui se succèdent par la loi de l'humanité, et qui rediront les vertus de l'*honnête mère de famille*.

Je ne sais pourquoi j'ai le pressentiment qu'un jour la Société élèvera un mausolée en l'honneur des mères de famille, et qu'elle gravera sur le marbre, en lettres d'or, ces vers sublimes du poëte-philosophe chrétien :

Tel brille en ses vertus un sexe qu'on déprime.
Que sous nos pas tremblants le sort creuse un abîme,
Il s'y jette avec nous, ou devient notre appui ;
Toujours le malheureux se repose sur lui.
L'heureux même lui doit ses plaisirs d'âge en âge ;
Et, quand son front des ans atteste le ravage,
Une femme embellit jusqu'à ses derniers jours.
Au terme de sa course il s'applaudit toujours
De voir à ses côtés l'épouse tendre et sage
Avec qui de la vie il a fait le voyage,
Et la fille naïve à qui, pour le chérir,
Il ouvrit le chemin qu'il vient de parcourir.
Grâce aux soins attentifs dont leurs mains complaisantes
S'empressent à calmer ses peines renaissantes,
De la triste vieillesse il sent moins le fardeau ;
Il cueille quelques fleurs sur le bord du tombeau ;
Et, lorsqu'il faut quitter ces compagnes fidèles,
Son œil, en se fermant se tourne encor vers elles.
. . . . . . . . . . . . . . . . .
Les femmes, dût s'en plaindre une maligne envie,

Sont ces fleurs, ornements du désert de la vie.
Reviens de ton erreur, toi qui veux les flétrir ;
Sache les respecter autant que les chérir ;
Et, si la voix du sang n'est point une chimère,
Tombe aux pieds de ce sexe à qui tu dois ta mère.

(LEGOUVÉ, *Mérite des Femmes*.)

# IV

## DE L'ÉDUCATION SOCIALE DE LA FEMME.

Si la Famille donne l'éducation religieuse et morale aux filles, la Société lui doit aussi une sorte d'éducation en harmonie avec le progrès des constitutions civiles et politiques.

Cette dernière, assez négligée du reste, a pour but principal, selon nous, d'initier la femme aux lois relatives à sa situation d'épouse et de mère.

Mettons d'abord en première ligne la loi sociale qui est le sujet des controverses du parti féminin contre le masculin : *la soumission envers le mari*.

Comme je l'ai dit plus haut, la soumission raisonnée me paraît la plus sage et la plus rationnelle, le pouvoir marital étant fort mal garanti par l'obéissance aveugle.

Néanmoins, puisque le mariage n'est pas une association de liberté réciproque, il serait nécessaire que l'éducation sociale de la femme lui en développât toutes les conséquences, l'éclairât en un mot, afin que, lorsqu'elle contracte l'union légale, elle n'agisse pas d'abord *ex abrupto*, et ne regrette pas plus tard une liberté qu'elle avait cru conserver.

Bien des maris préféreraient, il me semble, à la soumission passive une soumission *enseignée*, qui ne serait plus alors un problème à résoudre dans l'intimité, mais un problème résolu par l'éducation *ad hoc*.

Ce principe admis, plus d'antagonisme et par conséquent plus de querelles; la femme, au contraire, formée instructivement, et connaissant sa part des droits, n'emploiera plus de subterfuges pour échapper à la domination maritale.

Estime et franchise, tel serait le fruit de

cette branche d'éducation sociale de la femme.

Elle devrait aussi connaître quelques notions élémentaires du DROIT.

En effet :

Une jeune fille se marie : ignorante de ce qui constitue les affaires proprement dites, elle signe les yeux fermés un contrat que sa famille a accepté pour elle ; — fort bien pour le présent. Mais plus tard, le mari, lancé dans des spéculations hasardeuses, a besoin de la signature de sa femme pour répondre d'un crédit contracté par lui ; elle donne sa signature, ignorante toujours des affaires et de l'action implacable des lois ; c'est ainsi qu'elle aliène, sans le savoir, son avenir et celui de ses enfants.

Que l'on suppose même que ce cas ne se présente point ; elle peut devenir veuve, tutrice ; force lui est d'avoir alors recours à un homme d'affaires, qui, s'il est infidèle, peut impunément exploiter son innocence en jurisprudence, ou compromettre sa fortune dans des démarches ruineuses.

Si, comme tutrice de ses enfants, elle est

appelée à débattre les clauses d'un contrat, ne peut-elle encore être trompée par *l'homme*, qui connaît, lui, tous les recours du droit civil et social ?

Si elle est, enfin, éprouvée dans ses affections, maltraitée, injuriée par son époux, elle doit encore connaître la loi qui la protége, qui lui permet de se séparer de l'infidèle, et de se faire allouer la pension nécessaire à sa vie de chaque jour. Au cas contraire, le misérable assez ennemi de la morale pour se livrer aux débordements de ses passions pourra la chasser sans pitié, et résignée, elle ira grossir le nombre de ces malheureuses que la charité évangélique sauve du déshonneur et de la faim.

Quelques sciences élémentaires, ou connaissances usuelles, sont utiles à l'épouse, à la mère : l'hygiène, par exemple.

La médecine a reconnu, de nos jours, que l'hygiène était le plus sûr préservatif des maladies, et en même temps le plus efficace moyen de guérir ces maladies.

Si la mère ignore ses premiers principes, il est certain qu'elle ne pourra, surtout dans les classes pauvres, préserver la vie de ses enfants d'une foule d'accidents, conséquences inévitables du premier âge.

En quoi consistent donc les lois de l'hygiène ?

Elles consistent dans le choix des aliments; — dans l'emploi des vêtements, selon les variations de la température et le changement des saisons; — dans les conditions intérieures de local; — dans la *manière* de se nourrir; — dans le règlement des repas; — dans la distribution des heures de sommeil, appropriées à chaque âge et à l'importance du travail entrepris; — dans les promenades; — dans la température des appartements et leur exposition atmosphérique; en un mot, dans tout ce qui constitue l'appareil vital d'un ménage, appareil d'où découle la santé du mari, de l'épouse et des enfants.

L'inapplication de ces lois engendre des maux incalculables que la science ne peut conjurer ni guérir.

« L'hygiène est la source de la vie; elle préserve des maladies, les guérit; c'est l'antidote de la mort. » (RÉCAMIER.)

Je conclus donc que l'hygiène élémentaire doit forcément faire partie de l'éducation sociale de la femme.

Quelques mots serviront à prouver qu'il est urgent que la femme connaisse aussi les mathématiques simples.

Par une cause fortuite ou raisonnée, l'homme peut être appelé à la tête d'une industrie, d'un commerce. Occupé de la haute direction de ses affaires, le temps lui manquera pour soigner la partie *comptable* de sa maison. La femme interviendra alors pour régler les intérêts; et, calculateur fidèle, elle établira la balance commerciale, l'actif et le passif, de la communauté conjugale dont elle est l'associée et la cointéressée.

Elle épargnera ainsi l'emploi d'un comptable, ou homme à gages, souvent paresseux, inhabile ou insoucieux des intérêts de la maison, et toujours onéreux.

Elle seule connaîtra, par l'examen de ses livres, le secret de tel ou tel désastre qui, s'il était répandu, entraînerait la ruine de son mari. Elle veillera avec sollicitude sur les intérêts, les résultats, les dangers d'une opération. Gardienne dévouée, elle sauvera quelquefois le navire du naufrage, et l'aidera toujours à voguer à pleine voile sur la mer du succès.

Si elle devient veuve, elle pourra maintenir son établissement et continuer au moins momentanément son état prospère, en attendant un acquéreur; et, si cet acquéreur se présente, éclairée sur la valeur de sa propriété, elle en tirera un prix convenable et sauvegardera l'avenir de ses enfants.

Nous nous permettons d'émettre ces idées, parce que nous reconnaissons réellement à la femme une intelligence susceptible de comprendre un certain ordre de faits, d'analyser certaines connaissances utiles qu'on néglige, par un reste de préjugés sans doute, d'admettre dans son système d'éducation.

Je dis par reste de préjugés, car il n'est pas possible qu'on croie au raisonnement d'hommes prétendus avancés pour notre époque, de philosophes tels que M. Proudhon, qui se pose en Christ du dix-neuvième siècle et écrit ces maximes barbares :

*Des idées décousues, des raisonnements à contre-sens, des chimères prises pour des réalités, de vaines analogies érigées en principes, une direction fatalement inclinée vers l'anéantissement, voilà l'intelligence de la femme.*

Du reste, je ne prétends pas ériger en article de foi ce chapitre qui traite de l'*Éducation sociale des femmes;* je l'émets comme une théorie possible, mais qui peut mériter néanmoins un sérieux examen.

Revenons à notre sujet.

Je place encore la Géographie dans les connaissances essentielles à la femme; la Géographie secondaire, si on veut.

Admettons que, par un concours de circonstances, l'homme soit obligé de voyager pour son commerce, pour son industrie. La femme correspond avec lui; au besoin elle entreprend aussi un voyage indispensable. Dans ce dernier cas, elle doit connaître la topographie des lieux où elle a affaire, afin de calculer le temps dont elle dispose avec la distance qu'elle doit franchir et la durée que nécessite son éloignement, sinon, elle agira au hasard et compromettra encore ses intérêts de communauté.

Et je ne parle ici que d'un fait entre mille qui peuvent plaider en faveur de cette connaissance importante.

A Dieu ne plaise que je sois un de ces rêveurs, d'une autre espèce que M. Proudhon, qui prétendent donner une éducation qui fasse de chaque femme un *bas bleu*, un philosophe transcendant; mais je ne partage pas non plus l'opinion de ceux qui veulent qu'elle ne soit bonne, tout au plus, qu'à ravauder des bas et à allaiter des enfants.

Pour plusieurs motifs que je vais déduire, je suis grand partisan de l'éducation religieuse donnée à la femme.

Le premier de ces motifs est que la femme puise dans l'histoire de la Religion les vertus abnégatives qui sont l'apanage de son sexe. L'exemple des saintes femmes qui depuis la

Vierge Marie ont voué leur intelligence et leurs forces physiques à soulager l'humanité, l'image de Madeleine repentante et béatifiée par la foi et l'amour de Dieu, sont autant d'enseignements qui fortifient, préservent des embûches de l'Esprit du mal, de la tyrannie des méchants et des corrompus.

Le second motif est que la femme voit dans cette histoire, depuis l'origine de la première épouse, de la première mère, Ève, quel est ici-bas le rôle de la mère et de l'épouse ; et quels ont été, chez tous les peuples, depuis la loi de Moïse jusqu'à la venue du Messie, depuis la mort du Christ jusqu'à nos jours, ses droits et ses devoirs réels.

Partout elle retrouvera la trace des vertus conjugales et maternelles ; du dévouement absolu de la femme à l'homme. « La femme quittera son père, sa mère, ses frères, ses sœurs, pour suivre son mari, dit la loi de Dieu ; elle est la chair de sa chair, le sang de son sang. »

« Je vous salue Marie, pleine de grâce, vous
« êtes bénie entre toutes les femmes, et Jésus
« le fruit de vos entrailles est béni. » Ces pa-

roles sublimes de la *Salutation angélique* ne sont-elles pas, pour les femmes le plus bel enseignement philosophique de l'intervention divine dans l'œuvre de la maternité?

Donc l'histoire religieuse fortifie le cœur et amène la foi, ce puissant levier; avec la foi on peut lutter patiemment contre les épreuves de la vie, inculquer dans l'esprit des enfants les principes sacrés qu'on a appris, reconnus, et perpétuer alors la Religion catholique, ce frein puissant de toutes les passions.

Nous bornons là notre exposé de l'*Éducation sociale* de la femme; ce n'est qu'une simple étude que nous avons voulu soumettre à nos lecteurs, et qui nous a été inspirée par cette phrase impie de M. Proudhon:

*L'humanité ne doit aux femmes aucune idée morale, philosophique; elle a marché dans la science sans sa coopération; elle n'en a tiré que des oracles : la bonne aventure, ô gué!...*

## V

PRÉDONDÉRANCE DE LA FEMME PENDANT LES DEUX DERNIERS SIÈCLES ET LA RÉVOLUTION. — DESTINÉE FUTURE DE LA FEMME.

Quel a été le rôle des femmes, en France, dans les dix-septième et dix-huitième siècles, et quel est-il à notre époque ?

Examinons :

Après la mort de Louis XIII, Anne d'Autriche, régente, s'empara de l'influence politique, et entoura d'un essaim de jolies femmes le jeune prince qui devait s'appeler un jour Louis le Grand ; son but était de le préserver de l'austérité de son aïeul ; elle parvint à faire renaître la galanterie, mais aussi les intrigues et les querelles intestines qui produisirent les guerres de la Fronde.

Dans ces guerres, dont la portée fut réduite à une simple diplomatie de cour, on vit le grand Condé se battre pour venger l'amour-propre froissé de la duchesse de Longueville ; prendre tour à tour parti pour ou contre la reine, signer la paix éphémère de Rueil, et se mesurer contre Turenne. Le canon de la Bastille fut tiré sur des Français par les Français eux-mêmes, au nom de MADEMOISELLE, dont l'idée fixe était que Mazarin s'opposait à d'ambitieux projets de mariage formés par elle.

Le cardinal, astucieux et rusé, se prêta à cette intervention des femmes dans les dissensions civiles et politiques ; et cette intervention eut pour effet de détruire encore une fois la galanterie, et de former de véritables héros en jupon, méditant plans et batailles, groupant autour d'elles le fer et le feu, et semant la mort, sans pitié, dans le camp ennemi de leur opinion, politique ou non.

Le jour vint où Louis XIV s'écria : L'État,

c'est moi! — Il rétablit l'ordre, créa les relations du monde, et introduisit de nouveau les femmes comme reines de ces relations.

Les grands hommes parurent. Ils sollicitèrent et obtinrent la protection des dames, dont la puissance progressait sensiblement.

Les dames, de leur côté, ambitieuses d'honneurs et de flatteries, par suite de la fréquentation des érudits se livrèrent à des études, sinon profondes, du moins variées, et, avec la puissance d'imagination qui leur est propre, elles se trouvèrent promptement à même de parler un peu de tout, et de créer à la cour une sorte de société conventionnelle qu'on appela : la bonne compagnie.

Cette usurpation de la puissance morale féminine eut de graves inconvénients; le plus important fut l'énervement des caractères. Seulement, nous devons ajouter que, l'esprit gouvernemental de Louis XIV étant basé sur l'Ordre et la Religion, cet énervement ne se produisit que lentement, et n'écleta que plus tard, sous Louis XV.

Les femmes eurent donc, sous Louis XIV,

une certaine prépondérance dans les affaires politiques. Nous citerons entre autres : mesdames de Montespan, la Vallière et de Maintenon, qui, tour à tour maîtresses du roi, exercèrent un souverain empire sur son caractère, furent entourées, comme les reines, d'un hommage assidu, et eurent une politique à elles. En un mot, les femmes jouèrent un rôle. — Je parle ici, bien entendu, de la haute société, car les femmes du peuple restèrent étrangères à toute idée d'organisation sociale.

Sous Louis XV, l'énervement arrivant à son comble, les femmes exercèrent un autre genre de prestige, celui de la beauté, bien mieux, de l'amour.

Quand on considère les débordements des philosophes, les débauches des courtisans et les fredaines royales de cette époque, on ne doit pas être étonné que les femmes, dont l'esprit est généralement léger, se soient laissé emporter à la fougue de leurs passions. Aussi oublièrent-elles Dieu, la Famille, et entraînèrent-elles la nation dans un dédale d'où elle ne dut sortir que par la Révolution.

Un roi bon et honnête, Louis XVI, hérita des fautes de son prédécesseur. Il eut beau montrer par lui-même l'exemple de la morale, encourager les écrivains sérieux à faire des ouvrages en faveur de la sagesse, du progrès et de la raison, rien ne put arrêter le flot des colères humaines.

D'ailleurs, la doctrine du Dieu fait Homme avait cédé passagèrement la place au culte de la déesse Raison ; il fallait que la folie eût son cours, et emportât, dans sa crise, toute cette tourbe philosophique qui avait gangrené les cœurs et perverti les intelligences.

La Révolution éclata.

Le rôle des femmes fut sublime dans cette phase de notre histoire ; elles déployèrent des vertus héroïques, dignes des beaux temps de l'antiquité.

Mademoiselle de Sombreuil ramassa aux pieds de l'échafaud et couvrit de ses baisers la tête de son père, que d'ignobles bourreaux, *sans-culottes* de Robespierre, venaient de jeter comme otage à la crapule en délire. Et les sicaires de la République rouge exigèrent que la sainte fille bût un verre du sang de son père en expiation de cet acte sublime de piété filiale.

Marie-Antoinette défendit son honneur outragé devant le tribunal révolutionnaire ; et à une accusation infâme que réprouve la nature et le bon sens humain, elle répondit ces magnanimes paroles : « J'en appelle à toutes les mères ! »

Madame Élisabeth et mademoiselle de Lamballe, nobles martyres, moururent en priant pour la France et en pardonnant à leurs bourreaux.

Charlotte Corday, une fille du peuple, débarrassa la patrie d'un monstre impur; Marat.

Homme vil, abject, Marat ne rêvait que meurtre et destruction, et vautrait son existence de tribun dans les orgies d'un honteux libertinage. Républicain sans principes, révolutionnaire sans honneur, ambitieux sans capacité, et ne visant qu'à la célébrité du crime, la seule que purent atteindre les scélérats qui s'étaient alors emparés du Gouvernement, il mourut victime de l'assassinat, lui qui n'avait vécu que dans l'assassinat, réalisant ainsi la parole du Christ : « Quiconque se servira de l'épée périra par l'épée. »

Depuis cette époque, le rôle des femmes est resté ce qu'il devait être : secondaire dans l'état social, en dehors des luttes politiques et gouvernementales.

Aujourd'hui, d'après la nature sage de nos institutions, la destinée de la femme est tracée dans l'avenir.

Cette destinée se résume :

A prendre soin des intérêts intimes de la Famille ; — à s'occuper de l'éducation des enfants, au point de vue moral et religieux ; — à seconder l'homme dans les affaires contentieuses de la vie ; — à ne jamais s'initier aux questions politiques ni d'économie sociale, qui doivent, pour son bonheur, lui rester étrangères ; car cette initiation aurait pour résultat de faire négliger à l'homme ses devoirs. Rousseau l'a dit, dans un précepte vrai : « Là où les femmes sont trop occupées, les hommes devraient renoncer à tout, et vivre dans l'anéantissement et dans la retraite. »

Notre chapitre de la Famille est terminé.

Mais notre devoir est de consommer l'œuvre par un hommage sincère, rendu au Souverain illustre qui gouverne en ce moment notre belle France.

Par une initiative puissante, par une protection efficace, Napoléon III a restauré, — ceci est de l'histoire, — le principe de la Famille, un instant ébranlé par la secousse de 1848 et par les doctrines impies des *Démocrates socialistes*.

Il a donné lui-même l'exemple de la soumission à ce grand principe humanitaire, en choisissant une Épouse selon son cœur.

Il a dévoilé l'essence de sa grandeur d'âme et de la noblesse de ses sentiments, en dédaignant la perspective d'une alliance basée sur le système de la féodalité, pour une union plus touchante, entourée de l'auréole des vertus privées et de l'amour maternel.

Chaque jour, Napoléon III peut être cité comme modèle à tous les pères de famille, car il entoure de soins et de tendresse l'Épouse adorée que la France vénère, que les honnêtes gens respectent, et que les malheureux bénissent en reconnaissance des bienfaits que sans cesse elle répand sur eux.

Quel plus joli tableau que celui-ci peut-on voir dans ce cadre immense de la nature :

D'un côté l'Empereur, grand parmi les grands de la terre; de l'autre l'Impératrice, reine des reines de ce monde; tous deux entourant le berceau d'un Enfant rose, leur Fils et l'espoir de la France.

Ils prodiguent leurs caresses à ce Fils, développent sa jeune intelligence par l'éducation graduelle que le cœur leur inspire, et appellent ainsi par cette sanctification de la Famille, par leurs vertus privées, par leurs sentiments religieux, la bénédiction de Dieu sur le Prince impérial, et sur la France, la première des nations, par la puissance et la volonté de Napoléon III.

# SIXIÈME PARTIE

## CONCLUSION

I

J'ai dans mon livre, tour à tour, analysé les diverses branches qui composent notre Corps social ;

Comme terme de comparaison, j'ai placé en regard des théories positives de la FAMILLE, de la RELIGION, de la PROPRIÉTÉ, de l'ÉTAT, les maximes monstrueuses du livre de M. Proudhon ;

M. Proudhon a trouvé ingénieux de prendre pour titre de son livre infernal : DE LA JUSTICE DANS LA RÉVOLUTION ET DANS L'ÉGLISE ;

Moi, j'ai cru convenable de prouver à M. Proudhon qu'il ne saurait y avoir dans la Révolution, à notre époque, que brigandage, spoliation, ruine et carnage général ;

Je crois devoir aussi ajouter que : De l'injustice dans la Révolution et de l'ordre dans l'Église, était le seul titre qui convînt à un ouvrage fait en vue de moraliser le peuple, de défendre nos institutions sociales, et de rendre un hommage public à la Religion, ce glorieux symbole de la Rédemption des hommes.

Cette tâche, l'ai-je remplie avec talent ? je l'ignore.

Mais j'ai la conviction certaine d'avoir agi en homme d'honneur.

Je me suis appuyé, en ce qui concerne mes théories, sur de saines traditions, mûries au soleil de l'expérience.

Et j'ai fait en sorte, aussi, de ne pas sortir, dans mes controverses, de la modération que commandait la solennité du débat.

Si je m'étais parfois écarté de cette ligne de conduite, à mon insu, mes lecteurs devront s'en prendre au sentiment de répulsion qu'un cœur droit éprouve en combattant des axiomes destructeurs de tout principe social et humanitaire.

II

Puisque j'ai posé, d'une façon solide, la pierre angulaire de mon système dans mon livre, je vais passer en revue les articles incriminés de M. Proudhon, et, les prenant corps à corps, tâcher de détruire cette œuvre démoniaque, bâtie sur le volcan des mauvaises passions, des colères et des haines.

« Eh quoi ! » me diront certains hommes, pénétrés de la valeur intellectuelle de M. Proudhon, « vous osez attaquer ce colosse ? Vous essayez de dégrader la statue gigantesque de la philosophie du dix-neuvième siècle ?... Pauvre pygmée, vous parviendrez à peine à lui faire quelques égratignures !... »

Peu m'importent les récriminations des cerveaux enthousiastes; le mal existe, et, quel que soit son auteur, il faut le réprimer.

Si l'adversaire est rude, tant mieux; il y a plus de gloire à entrer en lice avec lui.

J'ai, pour me soutenir, *Dieu* et ma *conscience !*

Je défends la cause de la *Justice* et de la *Raison* contre celle de l'*Injustice* et de la *Folie.*

Enfin, j'ai la Foi; et Jésus-Christ a dit :

« *La Foi soulève les montagnes.* »

## III

M. Proudhon représente Dieu comme inutile.

Dieu, inutile?... Mais alors, quel est donc le Créateur de toutes choses? — Quel est donc le Maître Suprême de l'univers? — Quel est donc l'Être que tous les peuples de la terre ont toujours adoré, imploré, glorifié, sous différentes images et sous différentes formes?

Dire que Dieu est inutile, c'est un mensonge, c'est un blasphème!

Vous vous prétendez philosophe, monsieur Proudhon, et vous n'avez pas étudié les rouages merveilleux de la nature, et vous n'avez pas scalpé l'harmonie du système humain?

Vous vous prétendez philosophe, et vous n'avez pas compris la corrélation des êtres, la reproduction des espèces, des races, le développement intellectuel et corporel de l'homme et des animaux, la loi de l'équilibre des mondes, les principes physiques, chimiques, organiques des minéraux et des végétaux?...

Mais qui donc *inventa* tout ce que nos yeux voient, tout ce que nos mains touchent, tout ce que notre esprit conçoit par la réunion des cinq sens? — Dieu, puisque c'est ainsi que nous nommons, en langue française, la puissance omnipotente que les autres pays caractérisent, dans leur idiome, d'un nom différent; Dieu! toujours Dieu, dont la main invisible se retrouve sans cesse et partout.

Je ne vous parle pas de la Foi évangélique, car vous êtes un athée.

Oui, un athée de la pire espèce, dont la dépravation sceptique, poussée jusqu'au délire, prononce sans appel que l'*Oraison dominicale* est un tissu d'idées niaises, immorales et impies.

L'*Oraison dominicale* est cependant un chef-d'œuvre de simplicité religieuse, qui renferme, en peu de mots, un hommage sincère rendu au Créateur, et une idée sublime de fraternité et d'humilité chrétiennes :

« Notre Père qui êtes aux cieux, que votre nom soit sanctifié, que votre règne arrive, que votre volonté soit faite sur la terre comme au ciel... Pardonnez-nous nos offenses, comme nous les pardonnons à ceux qui nous ont offensés... »

Et ce sont ces paroles mêmes que vous traitez d'impies ?

Oh ! tenez, je crois vous comprendre, vaniteux philosophe : — votre orgueil est froissé qu'on reconnaisse un Roi de la nature, qu'on lui soit soumis et qu'on lui obéisse. — Devant cette Royauté admise de la Création, votre suprématie, à vous, disparaît..... et vous vous croyez si grand !...

Voulez-vous que je rapporte ici un petit dialogue que vous devez souvent vous faire, en *a parte*. Le voici :

« Arrière l'usurpateur qu'on nomme Dieu ! c'est moi qui suis le Roi.

— Mais il y a un Dieu !

— Qu'est-ce que Dieu ? — Un mythe.

— Il a droit cependant à nos prières, puisque c'est par lui que nous existons... donc il existe aussi !

— Je nie cette existence. Vos prières sont immorales et stupides. Il n'y a que moi, l'Homme supérieur à tous, moi le Roi de l'humanité; avant moi, le néant; après moi, le néant; toujours le néant!... — Dieu, c'est moi; si ce n'est pas moi, il n'y a pas de Dieu.

— Mais qu'y a-t-il donc, alors?

— L'An-archie!... Anarchie divine, comme aussi doit régner l'Anarchie humaine!... »

Est-ce que je n'aurais pas deviné juste, maître Proudhon?

. . . . . . . . . . . .

## IV

Mes lecteurs connaissent, je n'en doute pas, la secte qu'on appelait autrefois les *Briseurs d'images*.

Non contents d'insulter, de nier la personnalité que représentaient les statues, les *Briseurs* les détruisaient, croyant ainsi anéantir un principe.

M. Proudhon fait de même : après avoir nié Dieu, il attaque, il insulte la Religion, dans ses Ministres et dans ses dogmes fondamentaux, dans sa mission de charité, dans son essence divine et dans son œuvre moralisatrice et sociale.

Le corollaire ne doit pas nous étonner.

Le Dieu qui se substitue à Dieu dit que la Religion est immorale, que pour le pauvre c'est une marâtre, et qu'elle s'enrichit par la captation et par l'escroquerie.

Et il sait bien pourtant ce qui se passe de réel dans la Société, puisqu'il est philosophe et plus savant que tout le monde.

Alors, ou c'est un niais, ou c'est un méchant.

Car il est impossible de méconnaître les bienfaits de la Religion au point de vue moralisateur.

C'est elle qui, par un sentiment de charité, qui lui fait pardonner toutes les fautes humaines, ramène le pécheur au bercail, lui fait épouser la femme qu'il a séduite, et l'oblige, par la douceur et la persuasion, à donner un nom à l'enfant que, dans une coupable erreur, il avait abandonné.

Qui ne connaît la noble mission de la *Société de Saint-Vincent de Paul*, distribuant des habits et des vivres à la classe nombreuse des déshérités de la fortune, payant ses loyers, soignant ses malades et ses vieillards; élevant ses enfants, prodiguant des consolations; et, par de sages conseils, relevant le courage et donnant la force de lutter contre l'adversité?

A quoi donc servent les Sociétés paroissiales de *Secours mutuels*, dont le but est de garantir le travailleur des terribles conséquences des maladies? Chaque Sociétaire verse par mois la somme minime de UN FRANC; mais aussi un certain nombre de Membres honoraires, choisis parmi des personnes de la classe aisée, versent, de leur côté, des sommes considérables, sans jamais participer à la répartition des secours; pratiquant ainsi la charité évangélique, tout en conservant, vis-à-vis de leurs co-Sociétaires, le principe de l'égalité.

Que dire enfin des *Petites Sœurs des pauvres*, qui vont dans les maisons des riches, quêtant pour des vieillards que des infirmités pourraient livrer à la mendicité? Ces bonnes Sœurs, après avoir pourvu à la nourriture du corps, veillent encore aux besoins de l'âme, passent les nuits au chevet de ceux qui souffrent, et prodiguent les consolations qui aident à supporter le triste fardeau de la vieillesse.

Et c'est en face de pareils dévouements que M. Proudhon affirme que le troupeau de l'Église se compose exclusivement de riches, et que les pauvres abandonnent la Religion, qui n'est pour eux qu'une marâtre !...

J'en appelle aux hommes de bonne foi; j'en appelle à vos partisans mêmes, philosophe éhonté; il est impossible de plus grossièrement se tromper !

Il n'est pas permis à un écrivain qui se prétend sérieux d'avancer de semblables faussetés !

Non-seulement vos paroles méritent la réprobation universelle, mais encore elles exigent une rétractation éclatante de votre part.

On n'insulte pas, on ne calomnie pas de la sorte des gens dont la vie est pure, honorable et honorée, — j'en appelle à la loi de la Raison !

Je vous cite au Tribunal de l'opinion publique, monsieur Proudhon !

A genoux devant les Apôtres du Christ, injustement flagellés par vous!

A genoux devant les Saintes Femmes, que vous avez souillées de votre bave révolutionnaire!

A genoux devant Dieu, que vous avez nié, que vous avez offensé jusqu'en la personne de ses délégués sur la terre, de ses enfants dans le ciel!

A genoux! à genoux!

Le glaive de la justice humanitaire est suspendu sur votre tête...

Repentez-vous... et craignez qu'un jour Dieu, vous refusant le pardon à son tour, ne vous réponde ces paroles terribles :

Il est trop tard!...

# V

A quelle source avez-vous donc puisé vos déclamations outrageantes sur l'intervention de la Religion dans les familles? Où avez-vous lu, où avez-vous vu que l'Église enflammait la luxure, dépravait le mariage et bénissait le concubinage?

Toute la pensée de l'Église n'est-elle pas la mortification de la chair? N'a-t-elle pas fondé des associations nombreuses, afin d'amener au mariage les concubinaires? Ne repousse-t-elle pas de son sein tout ce qui vit, dans la Famille, hors de la loi de Dieu?

Vous savez bien tout cela, monsieur Proudhon, car, malgré votre athéisme, vous devez à l'Église ce que vous êtes, ou plutôt ce que vous devriez être.

A Dieu ne plaise que je veuille un seul instant augmenter le poids du courroux humain qui pèse sur votre personne.... mais convenez que vous avez surpassé les limites de la diffamation !

Vous avez entassé dans votre livre tout ce que l'esprit humain peut inventer d'horrible, d'injuste, de mensonger. Et nous serions heureux, pour votre honneur, de croire que vous n'aviez pas votre raison pour guider votre plume.

Si vous étiez de sang-froid, si vous n'étiez pas halluciné en écrivant les pages brûlantes de votre ouvrage, vous êtes un démon qui déshonore l'humanité....

. . . . . . . . . . . .

Mais décidément j'aime mieux croire que vous êtes un fou, et m'écrier avec le Christ : — « Pardonnez-lui, mon Dieu, il ne sait ce qu'il fait. »

# VI

Vous déclarez encore, dans votre pamphlet, que l'intervention du magistrat est inefficace dans le mariage; vous basant sur ce que, en amour, le mariage serait moralement mieux assuré par une liberté sans limite que par toutes les formes légales.

Ainsi vous détruisez le contrat passé entre l'époux et l'épouse, contrat qui assure l'avenir des enfants, oppose une digue à la promiscuité, garantit l'hérédité de la famille, et par conséquent la tradition affectionnelle!...

Mais que voulez-vous donc mettre à la place des lois que vous anéantissez ?...

Votre AN-ARCHIE, sans doute, c'est-à-dire l'absence de tout sentiment paternel, maternel et filial.

L'*animalité*, voilà votre alpha ;
La *bestialité*, tel est votre oméga.

Mais alors, fuyez notre société, indigne de comprendre un philosophe de votre valeur. Fuyez dans des contrées sauvages, au milieu de peuples primitifs, implanter votre système humanitaire, et recevoir peut-être la palme du martyre socialiste...

En attendant, laissez-nous vivre paisibles à l'ombre de nos lois et sous l'égide d'une Religion qui, ne vous en déplaise, a pour base la vertu et la morale.

Partez loin de nous; abandonnez nos climats; nous ne sommes pas dignes de bénéficier de votre science sociale.

Notre affaire, à nous, c'est d'être de bons citoyens, de bons pères de famille, des chrétiens fidèles à la loi de nos pères.

Que vous importe tout cela ! Abandonneznous donc à notre malheureux sort, nous ne valons pas un des cheveux qui ornent votre vaste crâne.....

Le flambeau de votre intelligence est trop brillant pour nous.....

Et nous avons la vue trop courte pour contempler l'auréole qui nous brûlerait de l'éclat de ses rayons.....

Partez, partez.... L'Humanité et le Progrès vous réclament :

Pour votre glorification, à Bicêtre ou à Charenton !

. . . . . . . . .

## VII

La Société, selon vous, n'aurait pas le droit de condamner le voleur, le meurtrier ; et le magistrat qui prononce la sentence serait plus coupable que le fauteur du mal, parce qu'il juge à froid, et que les criminels, au contraire, n'ont cédé qu'à l'empire de la passion, à la loi de la guerre, et que cette loi permet de tuer l'homme qui barre le passage à l'accomplissement d'un forfait médité ?

En vérité, c'est étrange.

Est-ce que les médecins ne seraient pas à la

recherche d'un nouveau genre de monomanie? on pourrait leur indiquer le *sujet*.

Oser prétendre, au nom d'une théorie nuageuse,—car elle ne peut être que nuageuse,— oser prétendre qu'une brute, un monstre, alléché par la soif de l'or ou par une autre passion, aura le droit de tuer un homme, d'enlever un père à ses enfants, sans que la Société ait le droit aussi de punir cette brute !...

Oser prétendre que le juge, dont toute la vie aura été un long dévouement à la Famille et à ses semblables, que le juge, le jour où il aura prononcé la condamnation d'un scélérat, en vertu de sa conscience et de sa mission, deviendra plus coupable que le scélérat lui-même !...

C'est la théorie des bagnes ; c'est la théorie des assassins.

Le *talion* existait autrefois ; œil pour œil, dent pour dent, tête pour tête, tel était son principe. La Société, plus juste aujourd'hui, a renversé le *talion*, et ne punit qu'après un examen irréprochable ; la sentence, par l'organe de la Justice, est le résultat de déductions logiques, et de l'avis unanime de plusieurs hommes qui se mettent autant que possible en garde contre l'erreur.

Qui donc empêche d'être un honnête homme ce scélérat, tendre objet de votre sollicitude presque paternelle, monsieur Proudhon ?

Qui donc l'empêche de protéger ses frères en Dieu, au lieu de les détruire? Qui donc paralyse en lui les instincts généreux, et les remplace par la férocité, le meurtre ?

Ce sont les vices que l'on nomme : *Débauche, paresse, cupidité.*

Et c'est à cet être dépravé, démoralisé, que, dans votre *delirium philosophiæ*, vous accordez la palme du martyre ?

C'est pour ce monstre que vous insultez les Magistrats et les Ministres de Dieu ?

C'est pour cet homme avide de sang que vous marquez de votre sceau infamant, — lisez ridicule, — les lois divines et sociales ?

En vérité, si ce sont là les maximes nouvelles qui ont fait de vous le Colosse philosophique du dix-neuvième siècle, je préfère être un

Pygmée, moi, et conserver intactes dans mon cerveau et dans mon cœur :

Les lois de la Charité,
Les lois de l'Honneur,
Les lois de la Fraternité.

Ah ! vous êtes bien digne, en soutenant de pareilles doctrines, du suffrage de ces énergumènes de la pensée, qui jurent sur des poignards l'anéantissement d'une partie de l'humanité, au profit du triomphe de leurs opinions; de ces hommes sanguinaires qui ne sont divisés que sur un seul point :

Rétablira-t-on la peine de mort en matière politique, mettra-t-on la guillotine en permanence?...

Ou devra-t-on faire une *solide exécution* d'une douzaine de jours, et ensuite rentrer dans le système ordinaire, en abolissant la peine de mort?

Abrogeant l'échafaud pour les assassins et les voleurs, ces hommes, dépourvus de tout sens moral, le rétabliraient pour leurs antagonistes politiques.

Vous n'avez pas réfléchi, monsieur Proudhon,

au mal que peuvent produire vos dogmes dans la classe populaire ignorante, où, faute d'instruction souvent, les instincts grossiers dominent le sentiment de la moralité.

Vous n'avez pas réfléchi, car vous eussiez enfoui dans un éternel oubli vos maximes révoltantes, dégradantes même pour qui oserait les défendre, ou seulement les accepter comme lueur de vérité.

Vous n'avez pas réfléchi, j'aime à le croire pour votre dignité; et aussi parce que je ne désire pas votre anéantissement, mais votre retour à de saines doctrines, plus en rapport avec la conservation des mondes.

# VIII

Vous prétendez aussi que les propriétaires se coalisent pour rançonner, pour affamer l'ouvrier; qu'ils en font pour ainsi dire un *serf*, un *ilote* attaché à la glèbe; et vous ajoutez que, lorsqu'ils se mettent en grève, les ouvriers sont brutalement jetés à Cayenne.

En face de ces assertions fausses, dictées par la haine et la colère, je vais tâcher de conserver le calme et la modération, apanages du bon droit dans la discussion, et d'opposer à ces divagations calomniatrices des faits et des raisonnements, basés sur la sagesse et l'expérience.

En 1848, alors que les passions étaient déchaînées, le travail interrompu, le commerce anéanti, la *Propriété* perdit une grande partie de sa valeur, — conséquence naturelle de la Révolution.

Les possesseurs de biens immeubles, ou ceux qu'on nomme vulgairement les *Propriétaires*, se virent obligés, pour venir en aide au malheur public, d'abaisser considérablement le taux des loyers; et, la misère croissant toujours, de faire l'abandon gratuit de ces mêmes loyers aux locataires trop pauvres pour pouvoir les payer.

En reconnaissance de cette action, le peuple pavoisa toutes les maisons de drapeaux portant cet exergue : Honneur aux Propriétaires ! On illumina dans tout Paris. Ce fut la Fête de la Misère, fête qui inspirait de sérieuses craintes pour l'avenir.

Je ne crois pas qu'en cette circonstance les Propriétaires aient affamé les ouvriers.

Lorsque le Prince Louis-Napoléon fut appelé, par une acclamation unanime, à la Présidence de la République, il comprit immédiatement que le salut de la Société était dans le travail, et que le moyen de dérober les ouvriers à l'influence *révolutionnaire socialiste* était de leur procurer de l'occupation, source de bien-être pour l'homme de labeur.

Afin d'accomplir son œuvre, il se fit mettre immédiatement sous les yeux les plans élaborés sous les derniers règnes, et relatifs aux embellissements de Paris.

Il examina ces plans, y ajouta des indications, commanda de nouveaux devis et commença la série des travaux gigantesques qui s'accomplissent depuis quelques années, et qui doivent encore s'accomplir.

Il obtint alors le résultat qu'il cherchait, c'est-à-dire l'activité du commerce et de l'industrie, par l'arrivée à Paris d'étrangers qu'attire toujours la curiosité, et par la forte rémunération du travail des ouvriers, travail abondant qui ne permet pas la diminution des salaires.

Mais, à côté de ces bienfaits produits par l'achèvement du Louvre, de la rue de Rivoli, le percement de grandes artères, quelques inconvénients devaient nécessairement se manifester par les nombreuses démolitions qui avaient lieu, et que la construction, quelque prompte qu'elle soit maintenant, ne pouvait remplacer immédiatement à proportion égale.

Certains propriétaires voulurent profiter de la moins grande abondance des locaux pour les remettre au taux où ils se trouvaient avant 1848 ; — d'autres, s'exagérant la valeur de leur propriété, portèrent ce taux à une élévation regrettable.

De là naquirent des plaintes, des récriminations, entretenues, grossies, exploitées, commentées par les hommes de désordre.

En cette occurrence, que pouvait faire le Gouvernement ? — Attendre patiemment que la reconstruction eût comblé le vide de la démolition ; car, vouloir intervenir dans le débat d'une façon directe, c'était soulever des haines, des antagonismes fâcheux entre la classe ouvrière et celle des possesseurs d'immeubles.

Néanmoins l'Empereur, toujours soucieux

des intérêts du peuple, prit l'initiative d'une innovation qui, en créant la concurrence, amenait évidemment la baisse du prix des loyers ; il créa les Cités ouvrières. A peine ce projet fut-il connu, que les Révolutionnaires en détournèrent les ouvriers eux-mêmes, en leur disant que ces maisons seraient soumises à la Police, et que tous ceux qui s'y installeraient seraient considérés comme *mouchards*.

Napoléon III ne s'arrêta pas à cette sage mesure, il proposa des primes, des exonérations d'impôts, aux Propriétaires qui feraient bâtir des maisons d'ouvriers ; bref un grand nombre de ces maisons se sont élevées; les locaux sont de dix mille environ plus nombreux à Paris qu'ils n'étaient il y a deux ans, et l'on voit un plus grand nombre de logements à louer, ce qui présage, dans un délai rapproché, un abaissement rapide de la location.

En admettant, d'ailleurs, que cet abaissement n'ait pas lieu aussitôt qu'on pourrait le désirer, ne vaut-il pas mieux payer un peu plus cher son logement, et ne pas voir tarir la source du travail ?

M. Proudhon s'est-il bien rendu compte de ce qu'il a écrit dans ce passage? Je ne le crois pas.

Ces constructions magnifiques, qui font de Paris, maintenant, la plus belle capitale du monde civilisé, appellent à l'œuvre :

Les maçons, les charpentiers, les menuisiers, les serruriers, les couvreurs, les zingueurs, les parqueteurs, pour la bâtisse;

Et aussi, les peintres, les décorateurs, les tapissiers, les ébénistes, et tout ce qui fait partie du luxe; entretient dans toutes les branches de l'industrie, des arts, du commerce, une activité féconde, bien-être certain pour la classe ouvrière.

Eh bien, c'est toute cette activité féconde, *seulement*, que M. Proudhon veut arrêter par ses discours immoraux, dont le résultat serait d'armer les citoyens les uns contre les autres, d'ameuter la révolution, en un mot, d'enter le règne de la Misère et de la Paresse sur le règne de la Prospérité et du Travail.

## IX

Où M. Proudhon a-t-il donc vu que le Gouvernement ait jamais transporté à Lambessa ou à Cayenne les ouvriers mis en grève par les meneurs de la démagogie?

D'abord, examinons ce que signifie ce mot *grève,* quels sont les droits de l'ouvrier, et dans quelle mesure il est appelé à les faire valoir, en cas d'abaissement ou de demande d'élévation du salaire.

La liberté des transactions étant le principe admis par tous dans notre état social actuel, l'ouvrier a le droit moral de demander une augmentation de salaire, de même que le maître a le droit de lui proposer une diminution.

Mais ces droits réciproques n'impliquent pas, de la part des ouvriers, la *coalition*, c'est-à-dire le détournement de ceux qui, trouvant la transaction juste à leur gré, veulent continuer le travail au prix refusé par les autres.

Que les ouvriers refusant le labeur proposé à un prix inférieur aux tarifs établis se retirent tranquillement chez eux, avec raison, sans doute, et cherchent ailleurs de l'ouvrage, il ne viendra à l'idée d'aucun magistrat de les inquiéter en quoi que ce soit.

Mais la mission des magistrats est aussi de maintenir l'ordre dans la Société, la paix entre tous les citoyens ; donc, si vous empêchez le travail de l'ouvrier qui pense autrement que vous, soit par des cris, des injures, des menaces, et même des coups, vous portez atteinte à sa liberté, à celle de l'industriel qui l'occupe, et par conséquent le magistrat doit sévir et appliquer la répression indiquée dans la loi sur les coalitions.

Cette répression, du reste, a-t-elle jamais

entraîné la déportation d'un seul coupable à Cayenne ou à Lambessa? Je défie M. Proudhon de le prouver.

Que quelque pilier de Société secrète, reconnu coupable de ces odieuses Conspirations contre la vie de l'Empereur, se soit mêlé à la *coalition*, et ait été, en vertu de mesures administratives, transporté hors de France, nous croyons cela possible. Mais ce qu'on peut affirmer, c'est qu'aucun ouvrier, fût-il coupable de *coalition* au premier chef, n'a été déporté sans autre motif plus grave.

Alors, quel est le but de M. Proudhon en propageant des idées reconnues mensongères?

C'est de corroborer son titre : DE LA JUSTICE DANS LA RÉVOLUTION ; c'est de soulever les passions, les colères, les rancunes, et, à l'aide de ces leviers, de bâtir sa statue de COLOSSE PHILOSOPHIQUE DU DIX-NEUVIÈME SIÈCLE sur le piédestal de la Misère! De la Misère, cet enfant posthume des Révolutions, que ses parrains, les démocrates socialistes, baptisent avec le sang de leurs frères!

. . . . . . . . . .

## X

Je passe à dessein les divagations sur l'Armée ; il est de ces choses que, pour l'honneur du nom français, on ne peut, on ne doit pas analyser.

M. Proudhon traite l'Armée de lâche, de traître ; — il a été bien heureux cependant, en juin 1848, alors qu'il se rendait *tranquillement* à l'Assemblée nationale, au milieu d'une conflagration générale, de trouver des *lâches* et des *traîtres* pour le protéger, lui qui, par ses doctrines révolutionnaires, avait jeté les masses dans la rue, et se rendait *sagement*, dis-je, à l'Assemblée, pour prendre part au vote du *National*, qui impliquait la déportation sans jugement de trente mille citoyens !...

Quelles paroles a-t-il fait entendre, en faveur de ces victimes, dont il était le bourreau ? — Aucune. — Il est resté dans un *prudent* silence.

Et il vient aujourd'hui, alors que nos phalanges ont affronté les boulets ennemis, le climat meurtrier d'un pays lointain ; alors qu'un grand nombre de nos frères sont morts courageusement sur les champs de bataille d'Inkermann, de l'Alma, de Sébastopol, et reposent ensevelis sous les lauriers de la victoire ; il vient prononcer les mots de LACHES et de TRAITRES !...

Pour ces paroles, monsieur Proudhon, pour ces paroles impies entre toutes vos paroles impies, je vous cloue au pilori de l'opinion publique !

La postérité jugera :

Entre le philosophe *prudent* du dix-neuvième siècle, qui insulte à la gloire nationale ;

Et la mémoire des braves soldats morts victorieusement en défendant le drapeau de la patrie!...

La postérité prononcera de quel côté se trouvent :

LA LACHETÉ ET LA TRAHISON !

## XI

Vous vous êtes rétracté, devant vos juges, de votre assertion que le Clergé voulait renouveler les épreuves de Robespierre, en déportant quarante mille individus, insalubres pour l'Europe.

Vous aviez inventé la nouvelle, le fait est donc certain.

Oh! défiez-vous de vous-même, je vous en prie...

Il n'est pas permis à un *rénovateur* de votre sorte de se tromper...

Un *Christ* de votre trempe a-t-il donc besoin

de *créer* des subtilités monstrueuses, pour semer la discorde et la guerre civile dans son pays?...

Comme révolutionnaire, n'auriez-vous pas besoin, plus qu'un autre, par hasard, de l'auréole de la vérité?...

Prenez garde, l'erreur conduit loin; et il serait fâcheux qu'une génération entière pût dire, en face, à un colosse philosophique, ces mots si palpitants :

VOUS EN AVEZ MENTI!!!...

Ce serait alors réellement plus qu'une égratignure pour la vénérable statue; ce serait sa démolition complète et son anéantissement au milieu de la malédiction universelle!...

## XII

Dans votre rage contre la Religion et ses Apôtres, vous n'avez pas même respecté la *Sœur de Charité;* et vous l'avez accusée d'abandonner, sur le champ de bataille de Crimée, les soldats qui ne se confessaient pas.

Quels faux rapports pourriez-vous produire? Quels témoins pourriez-vous présenter, qui soutinssent un fait aussi abominable?

Les sicaires de la République rouge?

Leur témoignage, quoique suspect, lors même que vous pourriez en citer un, vous servirait au moins d'excuse...

Mais non ; pas un seul article de journal, pas une seule lettre particulière, n'a motivé cette accusation, entièrement sortie de votre cerveau.

Au contraire, les rapports des officiers russes, — qui professent tous la Religion grecque, — les rapports des chefs anglais, — presque tous protestants, — louangent la conduite courageuse des *Sœurs de Charité*, et le zèle de ces Saintes Filles à secourir *tous* les malades, *à quelque Religion qu'ils appartinssent.*

Cette accusation tombe donc encore comme toutes celles que vous arguez contre la Société.

Décidément, monsieur Proudhon, il y a dans vos écrits ce qu'il faudrait pour jouer le rôle d'accusateur public. Vous rappelez, dans la manière, ces terribles dénonciateurs du Tribunal révolutionnaire, qui, sans respect et sans pudeur, diffamèrent leurs parents, leurs amis, et les envoyèrent par charretées à la guillotine.

Qui peut plus peut moins.

Et lorsqu'on voit subsister invariablement dans vos ouvrages le principe diffamatoire contre les classes les plus honorables de la Société, n'est-on pas en droit de se demander quel serait votre rôle dans une Révolution *Démocratique et Sociale?*

## XIII

Enfin votre livre : *De la Justice dans la Révolution et dans l'Église*, en admettant qu'il puisse être sérieusement analysé par les masses, n'est qu'une longue et barbare destruction de la Société, vicieuse, selon vous, dans le fond et dans la forme.

Mais, lorsqu'on détruit un édifice, et surtout un édifice social, il faut au moins proposer un plan de reconstruction.

Or quels principes organisateurs nouveaux avez-vous émis? Quelles sont les lois progressives que vous nous donnerez, en échange des nôtres, usées comme vous le prétendez ?

Rien ! — Si ; l'An-archie, la négation de tout Pouvoir, de toute Organisation, la Liberté absolue, la Critique universelle ?

Soit ! — Mais que deviendrons-nous avec ce fatras de billevesées ? Comment ferons-nous marcher le travail, l'industrie, le commerce ? Quel sera le nouveau lien social, la nouvelle monnaie de votre *Anarchie ?*

Je la connais bien moi, cette monnaie. Ce sera celle qu'on arrachera aux riches par la force... et qui sera insuffisante à nourrir le pauvre !

Par quel moyen grouperez-vous autour de votre système l'obéissance des populations ?

Je le connais bien encore, ce moyen. — Ce sera la guillotine en permanence, la confiscation des biens et la déportation en masse.

Quelle sera votre Religion ?

Le Culte de la force, basé sur la négation de Dieu.

Comment organiserez-vous l'Armée, symbole d'honneur et d'indépendance d'une nation ?

Je n'ai pas besoin d'Armée, répondrez-vous ; les peuples sont tous frères avec la République universelle. D'ailleurs, au besoin, j'en ferai des Phalanges ouvrières.

Et c'est avec de tels axiomes que vous et les vôtres prétendez, à notre époque, imposer la Révolution, prouver sa raison d'être et la justice de sa cause !...

Vous ne serez écouté de personne.

Maintenant que la fièvre révolutionnaire est calmée, on repousse avec mépris les utopies attifées des oripeaux de la liberté, coiffées du bonnet phrygien, et portant en sautoir le couteau de la guillotine.

A la place de ces mots :

*Révolution, — Fraternité universelle, — Culte de la Raison, — Commune révolutionnaire, — Convention, — Droit au travail, — Liberté, Égalité, Fraternité, ou la mort, — Socialisme universel, — Abolition de la Propriété, de la Famille et de la Religion, — le Milliard des riches, — la Justice du peuple.*

On a placé ceux-ci :

*Ordre, — Liberté, — Religion, — Famille, — Droit de Propriété, — Honneur, — Travail, Probité, — Gouvernement basé sur la morale et sur la sagesse, — Justice égale pour tous, — Respect de l'homme par l'homme.*

Voilà les principes que j'ai pris pour base de mon Livre; ils sont le fruit de l'évolution des temps; ils progresseront dans l'avenir, sous l'égide d'un Souverain vénéré de tous les gens honnêtes.

Les générations futures s'appuieront sur eux, comme le font aujourd'hui les hommes de cœur, ennemis des barbares de notre civilisation : les *Démocrates socialistes*.

Ce sont ces principes enfin qui justifient le titre de cet ouvrage : *De l'Injustice dans la Révolution et de l'Ordre dans l'Église;* ouvrage que je dédie :

A L'EMPEREUR ; — AU CLERGÉ ; — AUX MAGISTRATS ; — A L'ARMÉE ; — AUX PÈRES DE FAMILLE ; — AUX MÈRES ; — A TOUS LES CITOYENS DE NOTRE BELLE FRANCE ; — A TOUS LES PEUPLES !...

# UN DERNIER MOT

# A MES LECTEURS

Puisque mon nom a figuré naguère dans les fastes politiques, à côté des *démocrates socialistes* de 1848, je dois à mes lecteurs, relativement à l'esprit qui aujourd'hui a dicté mon livre : De l'Injustice dans la Révolution et de l'Ordre dans l'Église, une explication franche, qui les édifiera sur la part que j'ai pu prendre à certains événements, qui les édifiera sur ma personne, sur les opinions que j'ai pu professer, et sur celles que je professe maintenant.

Enfant de Paris, ma première jeunesse s'est écoulée entre 1830 et 1848; pendant toute cette phase j'ai été témoin des luttes parlementaires du Gouvernement constitutionnel.

Sans prendre une part active à la politique, je n'en étudiai pas moins — personnellement — les différents systèmes émis par les *bavards* de la DROITE et de l'OPPOSITION.

Comme toutes les natures enthousiastes, je penchai vers l'Opposition, pensant, avec les jeunes gens inexpérimentés, que là était le progrès, que là était le paradis politique. Néanmoins, possédant instinctivement le principe du respect de l'*Ordre* et des *Lois*, je repoussai énergiquement les propositions qui me furent faites par les *Démocrates* d'alors, de grossir leurs rangs et d'entrer dans leurs Sociétés.

J'ai toujours eu horreur des SOCIÉTÉS SECRÈTES ; je considérais et je considère encore leurs membres comme d'*affreux bandits*, ne rêvant que l'*assassinat* ou l'*échafaud*. — Je restai donc en dehors des luttes de partis.

La Révolution de 1848 éclata.

A ma grande surprise, mêlée d'une certaine

amertume, je vis en quelques heures s'écrouler l'édifice politique du *Gouvernement constitutionnel*, pour faire place au *Gouvernement provisoire*.

Je compris de suite que mon devoir m'appelait dans les rangs de la nouvelle Garde nationale, afin de concourir à la défense de l'Ordre, et à l'établissement régulier de ce qui paraissait être l'acclamation universelle du moment : la République.

Entouré, circonscrit même par les républicains les plus ardents, on exalta mes sentiments, tout en me faisant entrevoir l'avenir prochain d'une *République démocratique* — pas d'autre mot n'avait encore été prononcé — fondée sur la *Liberté*, l'*Égalité* et la *Fraternité*.

Je fus nommé unanimement officier de la Garde nationale, dans la douzième Légion ; toutefois je n'acceptai ce mandat qu'à la condition d'accepter librement aussi le Pouvoir qui serait adopté par l'Assemblée Constituante, issue du suffrage universel.

Les élections s'organisèrent.

Pendant que le pays se préparait au Vote

solennel qui devait le sauver de l'anarchie, les Communistes firent une manifestation — 17 avril 1848 — contre laquelle nous marchâmes d'un commun accord, mais dont l'effet ne fut pas moins désastreux au point de vue du commerce et de la confiance publique.

L'Assemblée Constituante, nommée, proclama la RÉPUBLIQUE. — Je ne crois pas mentir à la vérité de l'histoire en ajoutant que cette proclamation se fit sous la pression de cinquante mille hommes, poussés par les chefs de Clubs de Paris.

A peine l'Assemblée Constituante était-elle entrée en fonctions, qu'un petit nombre d'agitateurs, profitant d'un mouvement en faveur de la Pologne, envahit la salle de ses délibérations, et, exploitant la mollesse et la pusillanimité de M. Buchez, son Président, chassa honteusement les Représentants.

Quelques-uns de ces représentants, faussant alors le mandat qui leur avait été confié par la Nation, se rendirent à l'Hôtel-de-Ville, s'érigèrent en nouveau Gouvernement provisoire, et proclamèrent la *déchéance de l'Assemblée nationale, le milliard des riches, et le rétablissement de la peine de mort en matière politique,* qui avait été abolie par un décret du *Provisoire* antérieur.

La Garde nationale, ou du moins une grande partie, marcha à la défense de l'Assemblée, rétablit les Représentants à leur poste, et courut renverser le nouveau Gouvernement à l'Hôtel-de-Ville.

Ce fut l'affaire de cinq heures, après lesquelles l'ordre fut rétabli, et les coupables livrés à la justice.

Mais, pendant tous ces désastres, dus en partie à la faiblesse d'un Gouvernement sans homogénéité, la misère était arrivée à son comble. Les ateliers étaient fermés, la confiance était détruite, et, par-dessus tout, un symptôme alarmant se révélait dans l'esprit des populations, c'est-à-dire une fièvre inquiète, brûlante, augmentée encore par la propagation des doctrines socialistes, une soif de guerre civile qui se traduisait par un mot général : *Finissons-en!*

Le Luxembourg, ou plutôt la *Commission du travail*, après de grandes promesses et de nombreuses séances, avait déclaré ne pouvoir résoudre encore l'*Organisation du travail.* Cette conclusion se comprenait de reste, car il était impossible d'organiser ce qui n'existait réellement pas.

D'un autre côté, la *Commission exécutive,* d'accord avec l'Assemblé nationale, déclara que les *Ateliers nationaux,* cette création politique du Gouvernement provisoire, ne pouvaient subsister plus longtemps, et prononça leur dissolution; se basant sur ce qu'ils étaient non-seulement onéreux pour le pays, mais encore parce qu'ils servaient de réceptacle à tous les bandits, à tous les malfaiteurs, et menaçaient continuellement la cause de l'Ordre, soudoyés qu'ils étaient par les *Démocrates socialistes,* impatients de s'emparer des rênes du Gouvernement.

Cette mesure, sage en elle-même, était cependant impolitique; au lieu d'une dissolution brutale, il eût fallu opérer la transformation des *Ateliers nationaux* en un mode de *travail-minimum,* avec un *minimum de salaire;* on eût de la sorte fait rentrer les honnêtes gens dans les ateliers ordinaires, et permis à la

Commission exécutive de prendre des mesures contre les vagabonds et les sicaires de la *République rouge*.

. . . . . . . . . . . .

L'insurrection de juin éclata.

J'étais, ainsi que je l'ai dit plus haut, officier dans la douzième Légion.

J'avais marché déjà contre l'insurrection du 15 mai, faite au nom du *Socialisme*, et j'étais toujours dans les mêmes idées au point de vue de cette utopie. Seulement, la fièvre générale s'était emparée de moi; j'avais, à mon insu, subi la contagion du *Finissons-en*, et, fasciné, étourdi par les clameurs continuelles d'hommes que je croyais sincères, je déviai un instant, et comme malgré moi, de la ligne de conduite que je m'étais tracée, et dont la base était dans mon cœur.

Le 23 juin, le cri de: *Aux armes!* se fit entendre; on battit le rappel dans la douzième Légion. Comme d'habitude, j'endossai mon uniforme, et je volai à la défense de l'Ordre.

Mais tout le quartier; que dis-je? toute la

Légion était en insurrection, — le Maire en tête.

Des émissaires parcouraient les barricades et annonçaient que le général Cavaignac dirigeait le mouvement, et que le devoir de tous les bons citoyens était d'y prendre part, afin de prévenir des malheurs inévitables.

L'Assemblée, disaient ces émissaires, s'était dissoute d'elle-même; une nouvelle Commission exécutive était nommée, et devait faire procéder immédiatement à de nouvelles élections.

Pendant ce temps, aucun message n'arrivant de la part de la Commission exécutive, on fut amené à croire qu'en effet le général Cavaignac était à la tête du mouvement, et que toutes ces nouvelles pouvaient être vraies.

L'insurrection grossissait à vue d'œil et le costume d'officier n'offrait plus une garantie suffisante pour protéger la cause de l'Ordre.

J'allai donc déposer mon uniforme chez moi, et comme beaucoup d'autres citoyens honorables, trompés par les paroles mensongères des envoyés des députés de la Montagne, je volai encore une fois à la défense de la Propriété et des personnes.

J'avais à peine passé quelques instants au milieu de cette tourbe que les Révolutions seules jettent sur le pavé, que mon cœur se souleva d'indignation de me trouver mêlé à de pareils misérables, qui ne rêvaient que meurtre, pillage et incendie, et voulurent plusieurs fois m'assassiner, parce que j'avais arraché de leurs mains de braves citoyens, connus pour leurs opinions antirépublicaines.

Enfin, le samedi au matin, je parvins à gagner la Mairie du douzième arrondissement, et là, une proclamation, qui venait d'arriver, m'apprit que l'Assemblée existait encore, et que, si le général Cavaignac avait, par son incurie, calculée ou non, laissé commencer l'insurrection, du moins il n'en était pas le chef ostensible.

A cette révélation, ma résolution fut aussitôt prise. Je pris un chemin détourné de l'insurrection pour regagner mon domicile.

Mais, en passant dans une rue isolée, la rue

des Ursulines, je fus arrêté et fait prisonnier par un de mes *amis*, capitaine alors de ma Compagnie, et qui s'était prudemment retiré dans l'École Normale, — dans l'espoir sans doute d'un prochain renfort, — avec une centaine de gardes nationaux, dont un grand nombre attendaient, pour se rallier, à leur dire du moins, de quel côté tournerait la victoire.

Je fus donc fait prisonnier, puis conduit à l'Assemblée nationale, et livré, par le Décret du 27 juin, à la compétence des Commissions militaires.

Après un court séjour à la Conciergerie, tous les prisonniers furent évacués sur les forts qui entouraient Paris, et je fus moi-même incarcéré dans la casemate 19 du fort d'Ivry.

C'est ici que commence pour vous, mes chers lecteurs, un récit qui vous initiera aux principes d'*Égalité*, de *Liberté* et de *Fraternité* des DÉMOCRATES SOCIALISTES, vous fera comprendre mon dégoût profond pour ces partisans qui renient même leurs fausses doctrines, et vous éclairera sur mon dévouement entier, sans restriction, au Gouvernement de Sa Majesté Napoléon III, qui, par son courage énergique, nous a sauvés de l'anarchie, et préservé de la désorganisation sociale des barbares du dix-neuvième siècle.

I

LA FRATERNITÉ DU MALHEUR.

Avant d'être incarcéré dans la casemate 19, je passai trois jours dans les souterrains du fort. Mais hâtons-nous de raconter comment les républicains socialistes entendent la *fraternité du malheur*.

Je m'étais muni, à la Conciergerie, d'une main de papier que j'avais soigneusement placée, en forme de plastron, sous mes vêtements. A peine fûmes-nous installés, pour ne pas dire entassés dans la casemate, au nombre de quatre-vingt-dix, que je songeai à donner de mes nouvelles à ma famille et à mes amis. A cet effet, je pris mon papier et j'écrivis une quinzaine de lettres.

Tous les détenus s'empressèrent autour de moi, et me prièrent, me supplièrent de vouloir bien être leur secrétaire.

Possédant, moi qui n'étais pas socialiste, le sentiment de la vraie fraternité, je coupai mon papier en autant de parts qu'il était nécessaire, et me mis à faire, pour tous, la correspondance destinée à calmer de cruelles angoisses.

Mon travail fut terminé à cinq heures du soir environ; la chaleur était étouffante, et nous mourions de soif. L'heure de la distribution de l'eau était arrivée[1]; on apporta une énorme cruche.

Je m'approchai alors avec calme de l'abreuvoir général, dans l'espérance que parmi tous ces *frères*, auxquels je venais de rendre service, il s'en trouverait au moins un assez reconnaissant pour m'accorder ma part d'eau dans la distribution.

[1] Cette distribution se faisait deux fois par jour, à onze heures du matin et à cinq heures du soir.

Je m'étais grossièrement trompé; je fus impitoyablement repoussé, et, lorsque je voulus élever la voix, un concert unanime de bons républicains me vomit force sottises.

Outré d'un pareil égoïsme chez des hommes qui se prétendaient des apôtres de fraternité, je ramassai un énorme caillou, et, le lançant à toute volée, je brisai net la *cruche égalitaire...*, établissant ainsi, par une vengeance bien permise, une *double égalité du malheur*.

Je commençai à comprendre, sérieusement, qu'être et paraître sont deux choses bien différentes en ce monde !

A quelques jours de là, il fut question de nommer un brigadier de la casemate; ses fonctions devaient consister dans la surveillance du partage des vivres, de la propreté générale, etc., etc.

Selon le Code républicain, on procéda, par le suffrage universel, à la nomination de ce brigadier.

Devinez, lecteurs, quel homme fut choisi par la majorité des quatre-vingt-dix détenus?...

Vous ne devinez pas?...

— Eh bien, ce fut un chef de maison de prostitution...

. . . . . . . . . . .

Des désordres graves ayant eu lieu dans la casemate, on accusa le brigadier d'en être, sinon le promoteur, au moins le complice. Sur mes réclamations et celles de quelques-uns de mes camarades, on cassa l'élection et on procéda à la réélection.

Le même homme fut renommé, à une majorité beaucoup plus forte que la première fois.

Enfin, sur nos menaces réitérées d'en référer au Gouverneur du fort, on consentit à prendre un sous-brigadier parmi les honnêtes gens; malheureusement l'autorité de ce dernier fut impuissante, et nous dûmes subir l'ostracisme du *chef de maison* et de ses acolytes.

Plus tard, au fort de Vanves, où j'avais été transféré, on fit une nomination beaucoup plus surprenante. On choisit pour brigadier d'une casemate, toujours par le suffrage universel, un ancien forçat, ayant déjà subi vingt années de bagne pour vols qualifiés et condamné récemment, par le Conseil de guerre, à vingt ans de travaux forcés, pour participation à l'insurrection.

Je me souviendrai toujours de la scène terrible que j'eus avec un *républicain-socialiste* fort connu du parti, au sujet de ce forçat.

J'avais omis de relever la misérable paillasse qui nous avait été allouée comme coucher, par l'ordre du ministre d'alors, M. Flocon, de la *Réforme*. Le brigadier (le forçat) me signifia impoliment de ranger mon *matelas*.

Je tournai dédaigneusement la tête sans répondre.

Piqué au vif par mon insubordination, il m'invectiva de la plus belle façon, et termina sa harangue par ces mémorables paroles.

« Un vrai républicain doit obéissance à son frère ; je suis votre frère, et, du reste, plus républicain que vous qui êtes un blanc. » (*Sic.*)

— Blanc, bleu ou rouge, répondis-je, je suis un honnête homme, et vous êtes un voleur, un galérien !

Le misérable alors voulut se précipiter sur moi; je me mis sur la défensive, croyant voir tous mes camarades me soutenir. Ah! bien oui; un hourrah général s'éleva contre moi; j'essayai de parler, ma voix fut étouffée par les clameurs. Et le républicain-socialiste fort connu du parti dont j'ai parlé plus haut, montant sur un banc, fit un discours dont je garantis la substance :

« Notre brigadier est un voleur, un galérien, dit-on, qu'est-ce que cela prouve?... C'est que l'éducation de ce *frère* a été négligée. Si la Société était mieux organisée, il n'y aurait plus de voleurs; c'est donc la faute de la Société, et non celle du brigadier. D'ailleurs, il s'est bien battu pour la cause de la République, il doit être absous du passé, puisqu'il a reçu le baptême républicain !!!...

Un cri unanime de : *Vive la République démocratique et sociale*, retentit dans les airs, et vint terminer dignement la péroraison brillante de l'orateur progressif; et je dus, afin de ne pas éprouver le même sort que le brigadier, qui avait eu le nez mangé au bagne, me taire et garder en moi-même le sentiment de ma dignité.

Vint l'élection du 2 Décembre, relative à la nomination du Président de la République.

On procéda *démocratiquement*, dans le fort, à la discussion des candidats à la Présidence.

Les Candidats présentés étaient :

Le Prince Louis-Napoléon ;

Le général Cavaignac ;

Ledru-Rollin ;

Raspail.

Au milieu d'une discussion générale, je demandai la parole, et, me basant sur la profession de foi du Prince Louis-Napoléon, j'osai proposer sa Candidature à la sanction de la casemate.

Un vigoureux coup de poing *fraternel* appliqué sur mon œil droit, coupa court à mon argument. Et, si j'eusse continué, j'eusse reçu, je n'en doute pas, une grêle de mêmes retorques parlementaires.

C'est ainsi que les démocrates pratiquaient alors la *fraternité du malheur*.

## II

LE 14 JUIN 1849. — LE COMITÉ RÉVOLUTIONNAIRE. — LES COMITÉS DE SALUT PUBLIC.

Après neuf mois de prévention, je passai en jugement et fus condamné par le 2ᵉ Conseil de guerre, à deux années d'emprisonnement, à la majorité de UNE voix [1].

On me transféra à Sainte-Pélagie, et je fus placé à la cour de la Dette, avec les détenus politiques de toutes les catégories.

J'espérais, arrivé à cette destination normale, goûter un peu de repos.

[1] Les membres du Conseil signèrent, séance tenante, un recours en grâce en ma faveur, adressé au Président de la République.

Erreur !

Du matin au soir les détenus se promenaient de long en large dans la cour, vociféraient des cris sauvages, et brandissaient un énorme drapeau rouge, couronné d'un bonnet phrygien.

On eût dit une légion de diables.

Le chef de cette Révolution permanente était un ex-capitaine de la garde républicaine, qui, deux mois plus tard, fut condamné par la Cour d'assises à dix années de réclusion, pour faux en écriture privée.

Le choléra ravageait Paris, et, à chaque instant du jour, des messages annonçaient à chacun de nous la perte d'un père, d'une mère, d'une épouse, d'un parent, d'un ami.

Malheur à vous, si, triste et silencieux, vous cessiez de faire partie du groupe des chanteurs; on vous traitait de *blanc;* et, si vous invoquiez votre douleur, on répondait :

« Qu'importent la famille, les amis ? c'est de l'égoïsme ! Le salut de la République doit dominer toutes les douleurs !... »

Ces fanatiques n'avaient plus d'âme, plus de

sentiments. La passion politique en avait fait des fous furieux, étouffant, sous leurs cris sanguinaires, les sanglots de l'homme de cœur.

Le 13 juin 1849, des missives de la Montagne, parvenues secrètement, annoncèrent aux détenus qu'ils eussent à se tenir prêts pour la journée du lendemain.

Vers quatre heures de l'après-midi, le Comité révolutionnaire-socialiste de Sainte-Pélagie s'assembla et décréta :

1° Que les détenus, sortant de prison, devraient immédiatement être armés, et prendre part à l'*action;*

2° Que tout détenu reconnu douteux serait sur-le-champ passé par les armes;

3° Que des Comités de salut public seraient établis dans les divers arrondissements, pour procéder à la grande *Justice populaire;*

4° Que les détenus politiques, reconnus comme les mieux éprouvés et les plus *fidèles interprètes* du parti, seraient nommés chefs de ces Comités;

5° Que tout détenu qui ferait la moindre observation tendante à enrayer cette *Justice passagère*, serait mis à mort.

Ces mesures primitives furent adoptées, sous la réserve des délibérations ultérieures qui pourraient être prises par le Comité révolutionnaire-socialiste.

Le 14 juin arriva; tout le monde avait dû se préparer. Mais beaucoup de prisonniers semblaient consternés. On causait à voix basse; et plusieurs d'entre nous faisaient des vœux, malgré leur ardent désir d'être rendus à la liberté, pour que l'insurrection ne fût pas triomphante.

En effet, l'insurrection fut battue.

Cette défaite redoubla la rage du Comité révolutionnaire, et il organisa l'*Inquisition socialiste*, la plus cruelle et la plus tyrannique de toutes les inquisitions.

## III

L'INQUISITION SOCIALISTE.

Le matin du 17 juin, vers onze heures, après trois heures de délibération, le Comité vint faire lecture du décret suivant :

« Au nom de la République Démocratique et Sociale, le Comité des détenus politiques de Sainte-Pélagie arrête et décrète les dispositions suivantes :

« Attendu qu'un grand nombre de *mouchards* se sont introduits parmi nous ; que ces mouchards écrivent des lettres dans lesquelles ils font des révélations ; que ces lettres sont mises à la boîte de l'Administration ;

« Attendu que des détenus sont chaque jour demandés au Greffe [1] ; qu'ils ne peuvent y être demandés que comme révélateurs ;

« Par ces motifs :

« 1° Il est interdit à tout détenu de mettre des lettres dans la boîte de l'Administration ;

« 2° Tout détenu, avant de remettre une lettre confidentielle au parloir [2], devra la soumettre préalablement au *Comité socialiste*, qui en fera la lecture, en autorisera la remise, s'il y a lieu, ou en opérera la confiscation ;

« 3° Tout détenu demandé au Greffe sera accompagné d'un membre du Comité, qui fera un rapport sur le but et l'objet de l'entrevue du co-détenu ;

« 4° Quiconque ne se conformera pas au présent décret, basé sur le principe de la *Liberté*, l'*Égalité* et la *Fraternité*, sera mis à

---

[1] Toutes les fois qu'un détenu perdait un parent ou un ami, ce qui n'était pas rare par les ravages du choléra, l'Administration, dans un sentiment d'humanité, faisait appeler le détenu et lui apprenait avec ménagement la fâcheuse nouvelle.

[2] Les visiteurs se chargeaient souvent de lettres pour le dehors, afin de les mettre à la poste, ou de les déposer eux-mêmes à leur adresse respective.

l'*index*, et déclaré indigne de servir, même comme soldat, dans l'armée démocratique et sociale. »

C'était là, si je ne me trompe, de l'inquisition au premier chef.

Je protestai énergiquement contre cette tyrannie sauvage, et fus assez heureux, cette fois, pour soulever la majorité en ma faveur.

Par un vote général, le Comité fut cassé de ses fonctions.

Ses membres s'insurgèrent contre cette décision ; des disputes, des rixes eurent lieu, et se terminèrent par l'élection d'un nouveau Comité, dans lequel..... rentrèrent la moitié des membres de l'ancien.

Néanmoins le décret demeura aboli, et l'on semblait vouloir entrer dans une voie plus conciliatrice, lorsque l'arrivée de nombreux prisonniers du 14 juin raviva les passions et l'esprit infernal de cette cohorte révolutionnaire.

On institua le *Tribunal socialiste*.

## IV

LE TRIBUNAL SOCIALISTE.

Sa première victime fut un nommé Charles Lemaître, ex-correcteur d'imprimerie, inculpé du 13 juin.

Je vais d'abord expliquer comment était organisé le Tribunal, et quelles étaient ses fonctions.

Il se composait de six membres, choisis par l'élection parmi la Commission des détenus.

Il s'assemblait trois fois par semaine : le lundi, le mercredi, le samedi, de midi à trois heures.

S'il y avait lieu de juger, les séances se tenaient à huis clos d'abord ; on désignait le jour d'interrogatoire et d'audition des témoins.

L'enquête terminée, s'il y avait lieu à poursuivre, le Tribunal nommait un Accusateur public et convoquait la Séance générale.

L'accusé avait droit de prendre un Défenseur, qui, seul, était chargé de répondre à l'Accusateur public.

Les débats terminés, le Tribunal appelait l'Assemblée générale des détenus, par un vote secret, à statuer sur les questions qui devaient entraîner la déchéance définitive du citoyen convaincu de forfaiture.

En cas de déchéance, le prévenu était, par un jugement motivé du Tribunal socialiste, mis à l'*index*, considéré comme renégat et inscrit sur la fameuse liste de *Justice passagère* qui était envoyée, chaque mois, à tous les Comités socialistes de France et de l'étranger.

Revenons à la victime.

Charles Lemaître était un garçon d'humeur douce, d'un esprit élevé, et dont le plus grand tort, à mon avis, fut de prendre au sérieux des crétins gonflés de morgue et d'aberration humaine.

Il était accusé par les détenus de sa catégorie :

De n'avoir pas, dans la journée du 14 juin, pris une part franchement active à l'affaire des Arts-et-Métiers ; de mener une existence peu en harmonie avec ses ressources, par conséquent d'être vendu à la Police, et de n'avoir été mis à Sainte-Pélagie que pour y exercer l'office de *mouchard*.

Le Comité déclara tout d'abord placer Lemaître à *l'index absolu*, dénonçant comme traître à la République quiconque aurait le plus petit entretien avec lui, avant que le Tribunal socialiste eût terminé son enquête, et que le Jugement populaire eût été prononcé.

La sentence du Comité fut généralement observée dans toute sa rigueur.

Néanmoins, voyant depuis quelques jours Charles Lemaître, que j'avais connu dans mes relations non politiques, se promener triste et solitaire, je bravai un matin le décret des Féroces, et causai avec lui.

Lemaître me raconta la suspicion injuste dont il était l'objet de la part de ses anciens camarades, les républicains, et aussi l'accusation grave que l'Autorité faisait peser sur sa tête, au sujet de sa participation à la journée du 14 juin.

Deux Tribunaux, deux accusations pour un seul homme, c'était beaucoup.

Il me dit avec amertume qu'il prouverait son innocence à ses *frères*, et qu'il les croyait seulement égarés sur son compte...

Je ne pus m'empêcher de sourire de pitié, en voyant cet homme, supérieur par l'intelligence, le cœur et l'éducation, accepter la compétence juridique d'imbéciles, aveuglés par le fanatisme politique.

Je lui donnai quelques consolations, lui promis de ne pas faire cause commune avec ses ennemis, et le quittai en lui serrant la main. . malgré le décret des Féroces.

En rentrant dans ma cellule, j'éprouvai un vif sentiment de colère, en songeant que dans une prison, où nous étions tous détenus au même titre d'opinion générale, où nous partagions la même infortune, les mêmes douleurs, il y avait des êtres assez dépravés pour s'ériger en accusateurs publics, pour oser juger et condamner leurs frères malheureux, et augmenter ainsi, par des tortures morales, les tortures déjà si poignantes de prévenus, ignorants quel serait leur sort, et quel jugement menaçait leur avenir et leur liberté.

Une telle conduite me parut infâme, et non-seulement je me promis de défendre Charles Lemaître, mais encore de renier pour toujours ces apôtres de la méchanceté, ces sicaires de la férocité humaine.

L'instruction *socialiste* dura quinze jours, pendant lesquels les confidences hypocrites et sourdes de quelques membres de la Commission préparèrent le plus grand nombre des détenus à condamner, de parti pris, Charles Lemaître.

Pendant l'instruction, l'accusé avait, si je me souviens bien, perdu son père et son épouse, tous deux moissonnés par le choléra.

Devant une douleur aussi naturelle, la Commission, *pénétrée de ses devoirs*, lui accorda une remise de *trois jours*, sur le délai fixé pour le jugement.

Enfin le grand jour de la justice arriva.

C'était le 10 ou le 12 juillet. Le matin, de bonne heure, on vit les détenus chuchoter entre eux dans tous les coins de la cour.

Un des membres de la Commission, qui avait appris que je devais défendre Lemaître, vint me trouver dans ma cellule, et m'engagea fortement à ne pas m'occuper d'un *homme suspect* au parti démocratique, sous beaucoup de rapports, et indigne de figurer désormais dans les rangs du parti.

Toutes les paroles qu'on put me dire ne me firent pas changer ma ligne de conduite.

L'heure de la séance arriva.

On avait, dans une des plus grandes chambres du deuxième étage de la cour de la Dette, placé deux tables au bout l'une de l'autre pour former bureau ; elles étaient recouvertes d'une couverture grise formant tapis ; sur le bureau, on plaça le volumineux dossier de l'affaire.

La Commission prit place ;

L'Accusateur public se plaça sur un tabouret à gauche du bureau ;

Lemaître s'assit en face du Président, au milieu de l'auditoire, rangé en cercle sur des chaises.

Moi, comme Défenseur, j'étais à la droite de l'accusé.

L'Accusateur public se leva, et d'une voix imposante, *tonitru sostenuto*, déclama un long préambule dans lequel il signala les défections nombreuses du parti démocratique-socialiste; exposa qu'il était temps de prendre des mesures énergiques pour punir les traîtres qui ne marchaient pas franchement dans les rangs socialistes.

« Notre ère approche, s'écria-t-il, assez de modération, assez d'hésitation ; c'est de l'énergie qu'il faut; il faut encore frapper juste et sans cesse. Le feu purifie tout, a-t-on dit jusqu'à ce jour; eh bien, que le fer maintenant soit la purification de la République démocratique et sociale !... »

— Au fait ! glapirent quelques voix.

L'Accusateur alors prétendit que Lemaître,

dans la journée du 14 juin, avait abandonné les barricades, qu'il s'était montré très-timoré; et qu'il avait soutenu, entre autres choses, qu'il s'opposerait au massacre général de l'Armée.

Puis, soulevant le voile de la vie privée, il accusa Lemaître de n'avoir pas suffisamment justifié, devant la Commission, de ses moyens d'existence depuis deux années. Qu'il avait produit, sans doute, les livres de la maison de commerce qu'il tenait lors de son arrestation, mais que ces livres étaient en désordre, et ne justifiaient pas qu'il n'eût pas reçu des sommes de la Police.

Lemaître répondit, au milieu des murmures et des interruptions, que le travail de ses livres était, il est vrai, incomplet, mais qu'ayant perdu depuis huit jours deux personnes qui lui étaient chères, il n'avait pu sérieusement s'occuper de sa liquidation.

Ce fut à mon tour de prendre la parole.

Je ne cherchai pas à défendre Lemaître contre des accusations honteuses et puériles; je combattis le droit que s'était arrogé la Commission de juger un co-détenu; je lui jetai l'ironie et le mépris à la face, à cette Commission, et, malgré les imprécations qui s'élevaient contre moi de toutes parts, je leur dis à tous ces paroles :

« Misérables! jusque dans les fers vous attaquez un honnête père de famille, votre camarade, votre ami; sans respect pour une douleur poignante, vous osez provoquer une condamnation réprobative contre cet ami; vous osez enfin déclarer traître un homme assez aveugle dans sa sincérité pour ne pas vous renier comme de vils scélérats, comme des bêtes immondes... Non! vous n'êtes pas des républicains, vous êtes des assassins!... Vous n'êtes pas des socialistes, vous êtes des bourreaux!... Vous vous croyez des *Brutus*, vous n'êtes que des BRUTAUX!... »

L'agitation fut à son comble, et je me vis sur le point d'être *refraternisé* comme au fort de Vanves.

Mais quelques détenus, qui n'avaient pas jeté au vent toute pensée de loyauté, se réunirent à moi, et la Commission, craignant un échec, posa les trois questions suivantes :

Lemaître est-il coupable de trahison, au premier chef?

Peut-il encore être gradé dans la démocratie?

Peut-il encore être simple soldat de la démocratie ?

Les trois questions furent mises aux voix.

A la première, il fut répondu NON, à la majorité de six voix ;

A la seconde, il fut répondu NON, à la majorité de trente voix ;

A la troisième, il fut répondu OUI, à la majorité de quinze voix.

Lemaître fut donc désigné comme ne pouvant jamais être chef dans la démocratie; toutefois il lui était loisible de rester un fidèle soldat.

Le vote émis, chacun se retira dans sa cellule, aux cris de : *Vive la République démocratique et sociale !...*

Et, à dater de ce jour, les accusateurs de Lemaître, satisfaits dans leur amour-propre, devinrent ses amis du lendemain.

Je pourrais, chers lecteurs, m'étendre plus longuement sur les attributions baroques, ridicules, du *Tribunal socialiste;* mais je préfère me borner au récit d'un seul fait, qui fixera la valeur que vous devez accorder au parti que je dessine d'après nature; je continue donc mon panorama.

Je ne vous cache pas, toutefois, que j'agis en ce moment comme les Spartiates ; je vous montre les ilotes ivres, afin de vous dégoûter de l'ivresse.

## V

LA PRIÈRE DÉMOCRATIQUE.

Pour bien vous faire comprendre ce paragraphe, chers lecteurs, il est nécessaire que je retrace d'abord notre situation topographique à la cour de la Dette, ainsi que le nombre de détenus qu'elle contenait à cette époque.

La cour de la Dette avait trois étages de vingt chambres environ par étage.

Chaque chambre, sauf deux, contenait trois ou quatre prisonniers.

Toutes les chambres étaient occupées après le 14 juin, ce qui pouvait produire un total de 230 à 240 personnes.

Le matin à six heures on ouvrait les portes de ces chambres ; on les fermait le soir à neuf heures.

Nous avions donc la liberté de circulation dans les corridors et dans la cour environ quinze heures par jour. Il y avait des gardiens; mais, sauf le cas de rixe ou de tentative d'évasion, ils laissaient les détenus parfaitement tranquilles.

Ceci posé, revenons à notre sujet.

Depuis longtemps, m'a-t-on assuré, l'usage existait de faire, tous les soirs, à huit heures, la Prière démocratique en commun, afin d'entretenir la foi des *frères*.

Toutefois, jusqu'alors, la Prière était facultative, chacun était libre de s'en abstenir.

Une décision du Comité socialiste enjoignit tout à coup aux détenus d'assister et de prendre part à l'Oraison, sous peine de déchéance, etc.

Je donne en mille à deviner quels étaient les psaumes, les cantiques, destinés à purifier les âmes et à réchauffer la ferveur de la foi.

Les voici :

1° *Ça ira, ça ira, les Aristocrates à la lanterne !*

2° *Dansons la Carmagnole.*

3° *Les Peuples sont pour nous des frères ; — Qu'on mette au bout de nos fusils, les Changarnier, les Radetzki, Bugeaud et Bonaparte aussi !* (Variante de la chanson connue.)

4° *A l'Élysée on dansera ce soir.*

5° *En avant, courage, marchez les premiers ; du cœur à l'ouvrage, braves ouvriers !*

L'OUVRAGE, c'était la JUSTICE POPULAIRE.

Et le tout était terminé par des vociférations : *Mort à Bugeaud ! mort aux tyrans ! à bas les blancs !* et autres douceurs *ejusdem farinæ.*

Dans les cellules, les cris continuaient jusqu'à minuit, heure à laquelle se rétablissait le silence... quand il n'était pas troublé encore par quelque *combat fraternel.*

Dès l'aube du jour, le tumulte recommençait et durait jusqu'à dix heures, moment d'une autre Prière, après laquelle on déjeunait. Après déjeuné, avait lieu une sorte de sieste, jusqu'à midi, heure à laquelle recommençait la grande promenade des *frères*.

Et tous les jours, par trente-cinq degrés de chaleur, au milieu d'une épidémie terrible, il fallait entendre un bruit infernal, sans pouvoir jamais prétendre à une minute de repos.

Malgré le décret qui rendit obligatoire la participation à la Prière démocratique, je levai encore cette fois l'étendard de la révolte.

Des batailles eurent lieu. Je fus menacé d'être mis à l'*index;* mais, comme j'avais pour moi une minorité honnête, et qu'au besoin, par mes amis du dehors, j'aurais pu me venger, on se garda bien de prendre aucune mesure offensive à mon égard. On se contenta d'écrire sur tous les murs, à mon adresse : Mort au traître !

L'Autorité fut mise en éveil par les locataires voisins de la Prison, qui se plaignirent. Et un ordre de la Préfecture de Police enjoignit d'enlever de Sainte-Pélagie, et de transporter à la Force, dans la *Fosse-aux-Lions*[1], ceux qui continueraient à faire du bruit, et à contraindre la volonté de leurs camarades.

Une protestation écrite fut passée de main en main, et bientôt couverte des signatures des détenus. Elle traitait, en substance, des nombreuses persécutions qu'on leur faisait endurer, et du *mutisme* (*!!!*) absolu qu'on voulait leur imposer.

Je refusai naturellement de mettre mon nom au bas de cette protestation aussi absurde que mensongère.

Elle fut envoyée à la *Réforme* et autres journaux de la même opinion, qui l'insérèrent avec les signatures.

On voulut continuer la Prière; mais, le lendemain matin, quatre détenus furent enlevés pour la Force.

Vous croyez sans doute, lecteurs, que ces quatre détenus étaient les *chefs* du mouvement?...

---

[1] Sorte de basse-fosse dans laquelle on mettait les voleurs et les assassins dangereux.

Ah! bien, oui,... vous ne les connaissez guère, les *chefs;* ils sont plus *malins* que cela?

On enleva de pauvres diables qui n'avaient agi que comme simples aboyeurs; mais nul membre de la Commission ne fut atteint.

Chacun fut surpris, il est vrai; mais plus d'un d'entre nous commença à compréndre que, dans les tourmentes politiques, les *meneurs* ne sont pas toujours les *payeurs...*

A dater de ce jour, la Prière démocratique se fit à voix basse; les démonstrations se calmèrent, et l'on put jouir d'un demi-sommeil.

## VI

### LA PROPRIÉTÉ RASÉE.

Mais cette suppression brusque d'activité révolutionnaire se transforma en une fureur de discussion, destinée, disait-on, à éclairer les masses sur la mission de la *République démocratique et sociale*.

On organisa un Club où tout le monde fut admis à prendre la parole, pour traiter, à sa guise, les questions de Propriété, de Famille, de Religion, de Gouvernement; quand les questions étaient élaborées, un vote général adoptait ou rejetait les points en litige.

La Propriété vint à l'ordre du jour.

Je voulus, moi qui vivais d'habitude en dehors de ces débats, assister, par curiosité, à une discussion qui me semblait bien difficile à résoudre en pareille occurrence.

Je vais, rappelant mes souvenirs, analyser sommairement cette fameuse séance, dont la conclusion reposait sur ces trois mots : *la Propriété rasée.*

Un professeur de mathématiques, fort connu du parti, monta à la tribune, *sur un tabouret*, et prononça le discours suivant :

« Citoyens Frères,

« La Propriété, depuis son origine, a été morcelée ; car, lorsque les évêques la bénirent et en marquèrent le sillon, chaque propriétaire, *paterfamilias*, avait droit de vie ou de mort sur son *âne*, ses *enfants*, sa *vache* et sa *femme*[1]. Ce droit ayant été aboli en même temps que la Féodalité, il ne reste plus qu'un faible débris du principe de Propriété, que la Sociale

---

[1] Textuel. Les socialistes, à l'instar de M. Proudhon, placent la femme au dernier rang des animaux.

doit anéantir complétement. (*Applaudissements prolongés.*) Mais aujourd'hui il ne suffit pas, pour abolir le droit, de le décréter seulement aboli, — car les propriétaires expropriés, sachant où est située la Propriété, chercheront à la reconquérir par toutes sortes de manœuvres. Il faut donc procéder radicalement ; et, pour ce faire : *raser la Propriété de fond en comble, et brûler toutes les études de notaire, avec les contrats et les titres de propriété.* De cette façon vous serez certains, frères, de ne plus avoir à lutter contre les ex-propriétaires, qui ne sauront plus où sera située la Propriété. »

La proposition fut accueillie par des hourras enthousiastes et des bravos frénétiques.

C'était, à mon avis, proposer le *néant, avec un arbre au milieu.*

Mais ce qui m'attrista profondément, ce fut de voir d'anciens rédacteurs du *National* et de la *Réforme*, qui avaient jadis fait preuve d'une certaine capacité dans quelques discussions d'économie politique, prêter le concours de leur érudition à la défense d'une semblable monstruosité.

Après un débat fiévreux, où divers orateurs amoncelèrent plus de bêtises qu'il n'en sortirait du cerveau de trois cents idiots, la proposition fut adoptée à l'unanimité moins trois voix — parmi lesquelles se trouvait la mienne, bien entendu.

Je sortis de la séance le cœur navré, en songeant que la France eût pu être gouvernée par cette bande de forcenés en délire.

La proposition fut signée par tous les adhérents, et envoyée aux Comités socialistes de France et de l'étranger, comme une preuve de l'esprit progressif qui régnait parmi les enfants de la République démocratique et sociale.

J'ouvre ici une parenthèse.

Pendant que les détenus délibéraient ainsi sur les grands principes humains, la misère envahissait leurs familles. Des souscriptions s'organisaient, il est vrai, par le soin des *frères* du dehors, mais jamais les détenus ne virent un sou de ces souscriptions, à l'exception d'une seule fois, où l'on nous distribua à chacun VINGT CENTIMES, comme part proportionnelle d'une somme adressée par le Comité socialiste de Paris aux internés politiques de Sainte-Pélagie.

Je ferme la parenthèse.

L'Administration, pensant que le travail est susceptible de ramener le calme dans les esprits, — et en cela elle avait raison, — fit proposer des travaux manuels ou d'écriture; la Commission interdit de les accepter, sous peine de passer pour *mouchard*.

Cela se comprend; les détenus politiques, d'après les données du passé, sont tous paresseux; cette paresse tient-elle à ce qu'ils sont reclus, ou à ce que, naturellement, ils aiment peu le travail? Je laisse cette appréciation à mes lecteurs. Toutefois les détenus politiques admettent en principe que le travail refroidit la foi et l'enthousiasme, indispensables en Révolution.

Bref, ils furent condamnés par la Commission à la fainéantise à perpétuité — et ils n'en étaient pas fâchés.

Mais la nouvelle arriva soudain qu'au dehors on BANQUETAIT du matin au soir, et qu'on buvait un vin généreux et abondant à la santé des *frères*, victimes de la réaction, et à leur liberté future.

Les détenus voulurent aussi avoir leur Banquet. On l'organisa pour le 21 septembre.

## VII

LE BANQUET DES FRÈRES.

Pour bien faire comprendre aux lecteurs comment ce Banquet put s'organiser, sous les yeux du Directeur de la prison, une courte explication est nécessaire.

Les journaux démocratiques d'alors inséraient toutes les semaines dans leurs colonnes des lettres collectives, dans lesquelles les détenus se plaignaient d'être au *carcere duro*, c'est-à-dire traités comme des forçats. (!?)...

Le Préfet de Police, homme bienveillant, s'émut de ces protestations, et, puisant dans son cœur une indulgence extrême, donna, tout porte à le croire, l'ordre de traiter les prisonniers avec douceur. Du reste, depuis la Présidence du Prince Louis-Napoléon, ils avaient éprouvé un régime d'aménité bien différent de celui de MM. Flocon, Bastide, Marast, Cavaignac, et *tutti quanti*.

Or, encouragés par une mansuétude toute paternelle, ils organisèrent leur Banquet fraternel pour le 21 septembre, date révolutionnaire, disaient-ils.

On tressa des guirlandes de fleurs; on mit des bonnets phrygiens sur toutes les têtes et à toutes les fenêtres; on plaça des drapeaux rouges dans tous les coins; des écriteaux rappelant la date des révolutions depuis 1789; enfin, sur une vingtaine de pancartes on dessina ces touchantes légendes : *Mort aux blancs. — Mort aux bleus. — Mort aux propriétaires. — Mort aux riches. — Mort aux aristocrates. — Mort aux Bonapartistes. — Mort aux mouchards. — Mort aux traîtres. — Mort aux lâches. — Mort aux cagots.* — etc., etc.

Cette fête fraternelle de la mort devait cependant, au dire des sommités de la prison, n'être composée que de bons vivants.

On plaça des tables autour de la cour; chacun apporta son offrande; — ce fut une communion générale et égalitaire....... *seulement*, on remarqua que les pâtés et les volailles étaient placés radicalement au milieu de la table, en face de la Commission des détenus d'un côté, et de l'autre en face du Tribunal socialiste.

On porta d'abord des toasts : A l'Italie, à l'Autriche, à la Hongrie, à la Pologne, à la République universelle, à la Liberté des mondes..., toasts arrosés de vins, sinon généreux, du moins abondants.

Puis vinrent les toasts à la mort, juste répétition des pancartes mentionnées plus haut.

On dressa une sorte d'autel avec des tables et des couvertures, et on y adapta force drapeaux rouges. Et là, chaque détenu, en commençant par les plus grosses, non les plus fortes têtes, vint brailler les chansons que vous connaissez déjà, avec *bis* réitérés et bravos prolongés.

Enfin, neuf heures sonnèrent. — Chacun

rentra dans sa cellule ; les uns en trébuchant, les autres en chevauchant. — Ils reconnurent au moins un maître, ce jour-là, les amis de la liberté tout entière ! Ce maître, c'était le vin ! — Ils eussent dû cependant en avoir l'habitude.

D'autres enfin, et j'étais de ce nombre, tombèrent dans un découragement profond, en réfléchissant aux turpitudes de ces embryons politiques, qui se croyaient, entre quatre murs, les rois du monde, et, dans leur double ivresse, rêvaient la destruction d'une partie de l'humanité !

Ainsi se termina le Banquet fraternel du 21 septembre.

## VIII

### LA FRATERNITÉ DE LA GAMELLE.

Pour la compréhension de ce paragraphe, il est nécessaire, cette fois encore, d'expliquer le régime alimentaire auquel étaient soumis alors les détenus politiques.

Ils avaient de la viande et du bouillon gras deux fois par semaine, le dimanche et le jeudi; du pain blanc, des légumes secs et du bouillon maigre les autres jours[1].

Quelques-uns d'entre nous, eu égard à l'épidémie, et sur le rapport du médecin, avaient

---

[1] Depuis quelques années, le régime, à Paris du moins, a été sensiblement amélioré. Les détenus politiques ont de la viande et des légumes tous les jours, et de plus un demi-litre de bon vin.

obtenu de la viande et du bouillon gras tous les jours.

Ces faits relatés, je reviens à mon sujet.

Après le 13 juin, de nombreux détenus, appartenant à la *Réforme* et au *National*, furent incarcérés à Sainte-Pélagie, en attendant leur comparution devant la Haute-Cour de justice.

Ces détenus étaient, sinon aisés, du moins plus riches que nous, qui avions épuisé toutes nos ressources en prison. D'ailleurs, quelques-uns d'entre eux avaient effleuré le Pouvoir, donc n'avaient pas les mains vides, et, leurs amis du dehors aidant, ils avaient organisé une table fraternelle, où l'*aristocratie* de la *Démocratie* était seule admise. — On y vivait fort bien, ma foi, à cette table : on y buvait rasades ; et les restes, quand il y en avait, étaient descendus à ces *braves ouvriers qui marchent,* comme dit la chanson, toujours les *premiers*.

Ce système peu égalitaire, malgré sa bonne envie de l'être, souleva de sourds murmures ; quelques railleries furent lancées sur les hommes de plume par les hommes de travail ; et, comme on connaissait le *savoir-faire* d'une population ouvrière chauffée à rouge, le Comité socialiste s'assembla pour examiner la question.

Après trois jours de mûres délibérations, il rendit un décret instituant une *sociale générale*, qui fut surnommée par les détenus : *La fraternité de la gamelle*.

Voici la substance et les considérants du règlement rédigé :

Considérant que, si la Fraternité est le plus saint des devoirs, l'Égalité n'en est pas un moins précieux à observer;

Considérant qu'un certain nombre de nos frères, par suite de la *Terreur blanche* qui pèse sur la France, sont réduits à la plus profonde misère et au régime de la prison;

Considérant qu'une autre partie de nos frères se trouve dans une position aisée, et que par conséquent, selon la loi *sociale du partage*, ils doivent tout mettre en commun ;

Arrête :

1° Chaque détenu apportera à la cuisine sociale vivres cuits ou crus, vins, fruits, desserts, qui pourront lui être adressés du dehors, ou achetés par lui;

2° Il sera tiré au sort, chaque matin, un certain nombre de frères, pour procéder à la cuisine et au service de la *Sociale;*

3° Les fonctions seront de vingt-quatre heures ;

4° Personne ne pourra, sous aucun prétexte, se faire remplacer;

5° Une Commission d'inspection sera nommée, et fera son rapport toutes les semaines au Comité, sur la situation de la *Sociale* et la conduite réciproque des frères.

Vous le voyez, lecteurs, les hommes étaient fortement embrigadés par ce moyen, et nul ne pouvait s'échapper, l'eût-il voulu, de ce réseau de fer nommé la *République rouge.*

On obtint de la Direction l'autorisation de dresser une table commune sous un hangar qui se trouvait dans la cour; on obtint aussi une petite salle pour faire la cuisine. Seulement, à dater de ce jour, les vivres extraordinaires de la prison furent supprimés.

Seul, entre tous, je refusai de manger à la table commune; je prévoyais d'avance la fin de cette comédie. Mais, seul aussi, je conservai mes vivres administratifs : la viande et le bouillon gras.

La *Sociale* s'organisa. — Les comestibles abondèrent dans la Communauté ; le vin fut fortement à l'ordre du jour.

Mais les plus anciens détenus, fatigués des légumes et du bouillon maigre de la prison, repoussèrent ces vivres qui devaient servir d'appoint au dîner, pour en manger de meilleurs, naturellement ; de là devait naître une perturbation inévitable.

Voici comment on procédait :

On coupait les objets de consommation en autant de parts qu'il y avait de détenus [1] ; mais, le nombre étant aussi grand qu'étaient grands les appétits, il s'ensuivit que les bouchées se trouvaient trop petites.

Cet état de choses dura un mois, au bout duquel des murmures, des querelles surgirent partiellement. Les mots d'*ivrogne*, *gourmand*, *paresseux*, furent prononcés par les fournisseurs habituels de la Sociale, qui étaient toujours les mêmes.

[1] Environ deux cent cinquante.

Ils réclamèrent à la Commission, se fondant sur ce que leurs ressources ne leur permettaient pas de soutenir une aussi lourde charge; et qu'ils ne *jouissaient pas suffisamment* des offrandes de leurs amis du dehors et des sacrifices de leurs familles.

En effet, tel détenu recevait une volaille, un pâté, un gigot; *à lui seul*, il eût pu en savourer amplement la saveur; — *fraternellement*, il y goûtait à peine.

Enfin, le MOI reprit sensiblement le dessus; et, un après-midi, une bataille terrible s'engagea entre tous les frères attablés; des cris, des coups, des injures, furent universellement échangés; on se traita mutuellement de *misérables, mouchards, blancs, traîtres.* Bref, après une heure de disputes et de combats, la *Sociale* fut dissoute à tout jamais, *et gamella fracta fuit.*

Cette issue, que j'avais prévue, ne me surprit en aucune manière. Seulement, elle me convainquit, une fois de plus, que toutes les simagrées de fraternité étaient sur les lèvres, non dans les cœurs; que les grands mots de *So-*

*cialisme* et de *Démocratie* n'étaient que des appâts destinés à prendre les fous et les niais; et que les fous et les niais n'étaient bons qu'à servir de piédestal à des ambitions mensongères et incapables d'aucune idée sérieuse d'organisation sociale.

Comme un malheur ne vient jamais sans l'autre, il arriva que, l'Administration ayant supprimé, comme je l'ai dit, et en vertu de la sociale, le supplément de vivres gras accordés aux plus pauvres détenus, la *gamelle étant cassée*, ils furent de nouveaux réduits aux haricots de la prison.

Cet exemple aurait bien dû leur prouver, cependant, que dans toute *organisation révolutionnaire*, non-seulement ils sont victimes des meneurs, mais encore qu'ils supportent seuls le poids de la misère et les tortures de la faim. — Mais ils ne se corrigèrent pas.

Quelques jours après, ils virent des paniers de viandes corrompues jetées aux ordures par leurs anciens fournisseurs, pendant qu'ils souffraient, eux, d'une nourriture peu nutritive, surtout en temps de choléra...

Eh bien, aucune exhortation, aucunes paroles raisonnables, ne purent les détourner du précipice dans lequel ils s'engouffraient, eux et leurs familles.

———

Saturé d'ennuis, de chagrins, et surtout de regrets d'avoir pu un instant être confondu avec de pareils énergumènes, je tombai gravement malade, et fus transféré à l'infirmerie.

Grâce aux bons soins du docteur Bourgeoise, médecin de la prison; grâce aux paroles pleines de bienveillance de l'abbé Caille, aumônier des détenus, je revins à la santé.

Qu'il me soit permis de rendre un éclatant témoignage de reconnaissance à ces hommes d'élite, qui retrempèrent mon âme noyée d'amertume, et firent croire à mon cœur ulcéré qu'il existait encore de braves gens sur la terre, et que l'humanité n'était pas entièrement corrompue.

Sur ma demande à la Préfecture, appuyée de celle de M. Laloue, directeur de la prison, on m'accorda un logement au Pavillon de l'Est, anciennement appelé : *Pavillon des Princes*.

Avant de continuer, un mot, chers lecteurs, sur M. Laloue; j'ai encore une dette de reconnaissance à acquitter.

M. Laloue était un homme droit, juste et humain; on pouvait le croire appelé au poste qu'il occupait, dans le but de ramener, par la raison et la sagesse, les esprits égarés. Dévoué à la famille Bonaparte, il puisait dans sa bonté habituelle, et dans la clémence du Prince Louis-Napoléon, alors Président de la République, une sollicitude toute paternelle pour les détenus politiques. Mais, malheureusement, les égards qu'il eut pour eux n'empêchèrent pas les *socialistes* de le clouer à leur pilori, et de le désigner, au grand jour de l'expiation, à la *justice populaire*.

Chacun a sa méthode de reconnaissance; je préfère la mienne; et j'ai toujours gardé de M. Laloue le plus élogieux souvenir!

Installé au Pavillon de l'Est, habité par des hommes plus tranquilles, en apparence du moins, — et parmi lesquels se trouvait M. Proudhon, condamné à trois ans d'emprisonnement pour son journal la *Voix du Peuple*, — mes idées reprirent leur calme, et je pus sonder la profondeur du gouffre dans lequel j'avais été entraîné.

J'adressai alors au Président de la République une demande en commutation de peine, promettant de ne jamais prendre part aux luttes ou débats politiques contraires à la cause de l'Ordre et des lois. Je signai cette déclaration avec la conviction d'un honnête homme, qui a conscience de ses devoirs.

Deux mois après, la clémence du Prince Louis-Napoléon me rendit à la liberté et à ma famille.

Les clameurs des démocrates socialistes me poursuivirent jusque dans la vie privée, où je fus outrageusement calomnié.

Mais que m'importaient ces calomnies! j'avais du courage, l'amour du travail, et, par-dessus tout, la volonté arrêtée de rompre avec un parti qui ne respecte ni la vie ni la réputation des hommes.

. . . . . . . . . . . .

. . . . . . . . . . . .

Comprenez-vous, maintenant, chers lecteurs, pourquoi j'ai écrit mon Livre, et pourquoi je l'ai nommé : DE L'INJUSTICE DANS LA RÉVOLUTION ET DE L'ORDRE DANS L'ÉGLISE?

Comprenez-vous pourquoi j'ai combattu les doctrines subversives de M. Proudhon, doctrines dont l'effet serait de plonger la France dans les horreurs d'une Révolution, et de placer le Pouvoir entre les mains de fous furieux qui ne rêvent que *Propriété rasée*, *Échafaud en permanence*, et qui ont pour devise : *Mort à tout le monde?*

Je ne vous ai fait qu'entrevoir ce que sont ces fous furieux ; la vérité entière serait trop horrible. Et encore ils étaient en prison ; que doivent-ils donc être dans leur liberté d'action? — Appréciez.

La Société est unitaire dans sa forme, comme toutes les institutions religieuses ou civiles.

C'est un arbre dont on ne peut briser une branche sans l'exposer à périr bientôt.

C'est un être humain ; arrachez-lui le cœur, coupez-lui la tête, il mourra aussitôt.

La société enfin est composée de quatre principes organiques : le Gouvernement, la Famille, la Religion, la Propriété; ôtez l'un de ces principes, vous compromettez la vie du corps social.

Faites comme M. Proudhon, au contraire, détruisez-les tous quatre ; alors vous aurez l'*anarchie*, qui résume en tous points les vœux des *Démocrates socialistes*..... que vous connaissez.

L'Empereur Napoléon III, par une puissance qu'égale son génie, est parvenu à dompter ce parti féroce, et à retremper l'esprit public, un instant égaré par les utopies sociales. Mais des agitateurs complotent dans l'ombre; d'odieuses trames se forment non loin de la France, dans un pays qui se dit notre ami; il est donc du devoir de tous les hommes de bien de se serrer autour du Gouvernement; de combattre l'erreur, quelle que soit son origine, et, par un concours actif, de préserver notre patrie de l'*anarchie* de M. Proudhon et de la tyrannie des *Démocrates-socialistes*.

Si j'avais un instant été *socialiste*, je pourrais dire : Je suis converti.

Mais, ayant toujours été contraire à ces idées sauvages, je m'en déclare aujourd'hui encore l'ennemi le plus radical.

Quant au moment d'erreur qui a pu tromper certaines gens sur mes opinions, je le regrette profondément, car il m'a fait confondre, malgré la pureté primitive de mes intentions, avec des hommes dont je n'ai jamais partagé même les aspirations.

Donc,

Aux apôtres de la République *démocratique et sociale*, demandant l'abolition de la *Famille*, de la *Religion*, de la *Propriété*, du *Gouvernement Impérial*,

Je réponds par ces mots, expression de ma conscience :

Dévouement absolu au *Gouvernement* de S. M. Napoléon III, Protecteur de la *Famille*, de la *Religion*, de la *Propriété!*

FIN.

# TABLE ANALYTIQUE

## DES MATIÈRES

|  | Pages. |
|---|---|
| AVANT-PROPOS. | 1 |
| TRIBUNAL CORRECTIONNEL, affaire Proudhon. | 1 |
| Condamnation. | 10 |

## PREMIÈRE PARTIE.

QU'EST-CE QUE M. PROUDHON?............  12

M. Proudhon charlatan. — Corps d'armée de M. Proudhon. — Iniquités de M. Proudhon. — M. Proudhon à l'Assemblée, le 25 juin. — M. Proudhon légitimiste. — M. Proudhon anticommuniste. — Opinions de Lamennais et Victor Hugo sur les républicains. — Doctrines de Cabet. — M. Proudhon à Sainte-Pélagie. — Histoire des oiseaux. — Théories socialistes de M. Foubert (l'assassin). — Théories socialistes de M. Proudhon. —

Curieux entretiens de ce dernier avec M. Foubert.......................... 15 à 58

## DEUXIÈME PARTIE.

L'État.................... 39

*Gouvernement. — Finances. — Armée. — Ministres. — Justice. — Enseignement. — Presse*.................... 41 à 91

## TROISIÈME PARTIE.

L'Église.................... 93

La Religion sous les Empereurs païens. — Charlemagne sacré Empereur. — Les *Capitulaires*. — Le Moyen-Age. — Les Croisades. — Pierre l'Ermite, Suger, saint Bernard. — Jeanne d'Arc. — Louis XII. — L'évêque Georges d'Amboise. — Calvin et Luther. — Richelieu. — Louis XIV. — Bossuet, Fénelon, Bourdaloue, Massillon. — Saint Vincent de Paul. — François de Sales. — 1789. — L'Église persécutée, exilée. — La déesse Raison. — Napoléon I<sup>er</sup>. — Gouvernement basé sur la Religion et la morale. — Rappel du Clergé. — Napoléon, *Fils aîné de l'Église.* — Waterloo. — La Restauration. — Ses fautes, sa chute. — Le duc d'Orléans. — La Société *Aide-toi, le ciel t'aidera*. — MM. Laffitte, Casimir Périer, Odilon Barrot, Audry de Puyraveau, Mauguin. — Le *Roi-citoyen*. — Pillage de Saint-Germain-l'Auxerrois. — L'Archevêque à Conflans. — Les Chambres. — La leçon du Clergé. — Exclusion du Clergé des Conseils de l'État. — Expiation du Gouvernement de Juillet. — Révolution de 1848. — Le Peuple religieux. — La bénédiction des Arbres de liberté. — Le Président de la République. — Le Prince Louis-Napoléon, protecteur de la Religion. — Napoléon III, Empereur des Français. — Suffrage universel. — Huit millions de voix. — *Vox populi, vox Dei.* — Sainte-Geneviève rendue au culte catholique. — L'Église appelée à siéger dans les Conseils de l'État. — Les Écoles primaires.— Bienfaits du Clergé relatifs à l'éducation des enfants pauvres. — Mensonges de M. Proudhon sur les Sœurs de charité. — Culte de M. Proudhon. — L'égoïsme. — *L'union de l'Église et de l'État.* . . . . . . . . . . . . . 95 à 117

## QUATRIÈME PARTIE.

La Propriété. . . . . . . . . . . . . . . . . 119

La propriété chez les sauvages. — La Propriété en Europe. — Propriété passagère, susceptible de reprise. — Propriété positive, transmissible par héritage. — Propriété un fait de toutes les époques. — La fourmi, le castor. — Les Coléoptères socialistes.— Les Philosophes naturalistes de l'humanité. — Sentiment de la Propriété chez l'enfant. — M. Proudhon : *La Propriété, c'est le vol.* — Le *moi* propriétaire. — Propriété productive. — Propriété possessive. — La propriété en Orient. — Abrutissement des Mahométans. — Transmission de la Propriété. — Négation de M. Proudhon. — Sa folie. — Agent fiscal au lit de mort. — Le Travail, premier mobile de la Propriété. — La transmission régulière, deuxième mobile. — Propriété physique de l'homme. — Propriété sociale. — Opinions de MM. Pierre Leroux, Lherminier, Enfantin, Colins, sur la Propriété. — Opinions favorables de M. Proudhon sur le droit de Propriété. — La Propriété est un principe naturel devant Dieu. — M. Proudhon a menti à Dieu et à l'humanité. . . . . . . . . . . . . . . . 121 à 146

## CINQUIÈME PARTIE.

La Famille . . . . . . . . . . . . . . . . . 147

I. *Principe de la Famille.* — L'homme sauvage ou civilisé prend une compagne. — Il élève ses enfants. — Le Mariage. — Loi du Mariage chez tous les peuples. — Loi d'amour. — Réponse. — Citation de l'ouvrage de M. Thiers. — Système de M. Proudhon. — Vie en communauté. — Promiscuité complète. — M. Thiers. — II. *L'Homme.* — *Ses devoirs de Chef de Famille.* — L'homme chef de la Communauté. — La femme et les enfants lui doivent obéissance. — L'homme leur doit assistance et protection. — La Féodalité. — Monarchie de la Famille. — Droits des seigneurs. — Progrès du Christianisme. — Les Chartes. — Les Corporations. — Abolition des noms de maître et d'esclave. — Indépendance de la Famille. — Autorité paternelle au point de vue social. — La Famille est une Propriété. — Le pouvoir paternel délégué à l'homme par la Société. — L'autorité civile du père et de la mère cesse de plein droit à la majorité. — Piété filiale. — Famille philosophique de M. Proudhon. — Mères bigames. — Concubines. — Lien des familles d'arlequins. — Éducation de la Famille. — Dans les États libres. — Dans les pays despotiques.

— Éducation du Gouvernement. — Opinion d'un Philosophe du dix-huitième siècle sur l'autorité paternelle mise en corrélation avec celle du Gouvernement. — Éducation religieuse et politique des enfants. — Les Familles sont des écoles élémentaires. — Théories ridicules de M. Proudhon. — III. *La femme.* — *Droits et devoirs de la femme comme épouse et comme mère.* — *Éducation de la femme.* — *Éducation maternelle des enfants, éducation maternelle des filles.* — La femme, c'est la maison. — La femme compagne de l'homme. — Son égale devant Dieu et l'humanité. — Opinion de J. J. Rousseau sur les femmes. — Opinion sur les femmes, extraite du livre de madame de Rémusat. — Opinion de M. Proudhon. — La femme approchant de la bête. — Opinion extraite du poëme de Legouvé sur le *Mérite des femmes.* — Devoirs de la femme. — Obéissance au mari. — Le mari ne doit pas imposer à la femme une obéissance passive et non raisonnée. — Solidarité réciproque des deux époux. — Opinion de madame de Rémusat sur ce point. — Obéissance brute de la femme que veut M. Proudhon. — Anathème de M. Proudhon contre la femme. — Les cabanons de Bicêtre à M. Proudhon. — Le respect marital. — Opinion de M. Proudhon. — La femme est un moyen terme entre l'homme et l'animal. — Base du bonheur conjugal. — Le respect du mari. — Le mari doit à l'épouse protection et assistance. — Nouvelle opinion de M. Proudhon sur ce sujet. — La femme d'elle-même est impudique. — Citation du livre de Legouvé. — Infériorité des salaires de la femme. — La maternité. — Éducation maternelle des enfants.

— Pour les garçons, jusqu'à sept ans. — Pour les filles, jusqu'au jour du mariage. — La Prière maternelle des enfants. — Opinion de saint Vincent de Paul sur la Prière. — Opinion de Bossuet sur le même sujet. — Langage toujours réservé des parents devant les enfants. — Respect profond du père de famille. — Répression des vices chez l'enfant. — Opinion de Rousseau sur la ruse et le mensonge par rapport à la Société. — Vice inhérent à la nature de l'homme. — La paresse. — Sa destruction par le goût du travail. — Gourmandise, défaut de l'enfant et du vieillard. — Calme et sang-froid nécessaires aux mères de famille. — Ne jamais battre les enfants. — L'éducation maternelle est la source de jouissances infinies. — Révolte de M. Proudhon contre le principe maternel. — Opinion de M. Proudhon à ce sujet. — La femme n'a pas d'âme intelligente. — Axiome de Rousseau au sujet de M. Proudhon. — Éducation des filles. — Base de cette éducation. — La Religion. — Questions relatives à cette éducation. — La langue natale, l'histoire, les mathématiques, etc. — Égalité du caractère des filles. — Indulgence des jeunes filles pour les personnes difformes. — Opinion de Voltaire sur la beauté. — Impertinence des jeunes filles. — Opinion de madame de Genlis à ce sujet. — Babillage des filles. — Première communion. — Préparation de M. Proudhon à ce sacrement. — Continuation des exercices religieux après la première communion. — Opinion de saint Paul à ce sujet. — La coquetterie, péché mignon de la femme. — Sa répression dans de sages limites. — Mères prostituées en la personne de leurs filles. — Opinions de M. Proudhon à ce sujet. — Mariage des jeunes filles. — Extrait de l'ouvrage de madame Molinos-Lafitte. — Mère de famille au foyer filial. — Mausolée à la mémoire des mères de famille. — Vers du Philosophe chrétien Legouvé. — IV. *Éducation sociale de la femme.* — La Société doit une éducation sociale aux femmes. — Soumission enseignée de la femme envers le mari. — Notions élémentaires du droit, de l'hygiène, des mathématiques simples, de la géographie, faisant partie de l'éducation sociale de la femme. — Éducation religieuse de la femme. — Exemple de vertus qu'elle puise dans l'Histoire religieuse. — Conclusion sauvage de M. Proudhon. — V. *Prépondérance de la femme pendant les deux derniers siècles de la Révolution. — Destinée future de la femme.* — Rôle des femmes pendant les dix-septième et dix-huitième siècles. — Anne d'Autriche régente. — Son influence politique. — Entourage du jeune Louis XIV. — Une cour de jolies femmes. — Guerres de la Fronde. — Mazarin. — Turenne. — Condé. — Le canon de la Bastille tiré sur les Français au nom de MADEMOISELLE. — Louis XIV. — La cour des jolies femmes. — Mesdames de Montespan, la Vallière et de Maintenon. — Politique des femmes. — Louis XV. — Règne de l'amour. — Débauche des seigneurs. — Fredaines royales. — Louis XVI. — La vertu à la cour. — Écrits moraux commandés par le gouvernement. — Révolution de 89. — 93! — Mademoiselle de Sombreuil. — Marie-Antoinette et le tribunal révolutionnaire. — Mesdames Élisabeth et de Lamballe. — Charlotte Corday et Marat. — Ce qu'était Marat. — Rôle des femmes à notre époque.

— Napoléon III, protecteur de la Famille contre les démocrates socialistes. — L'Impératrice. — Le Prince impérial . . . . . . . . . . . . . 149 à 246

## SIXIÈME PARTIE.

Conclusion. . . . . . . . . . . . . . . . . . . . 248

Mon titre et celui de M. Proudhon. — Brigandage dans la Révolution. — La Statue philosophique du dix-neuvième siècle. — La *justice* et la *raison* contre l'*injustice* et la *folie*. — Dieu inutile, selon M. Proudhon. — Théorie de la Divinité. — M. Proudhon Dieu. — *A parte* drolatique de M. Proudhon. — Son An-archie. — M. Proudhon un niais ou un méchant. — Sociétés de Saint-Vincent de Paul. — De Secours mutuels. — Petites Sœurs des pauvres. — Calomnies de M. Proudhon sur ces institutions. — A genoux, monsieur Proudhon! — Il est trop tard. — La Religion engendre la luxure, selon M. Proudhon. — Preuves contraires. — M. Proudhon est un fou. — Le magistrat inutile dans le mariage. — Liberté d'amour sans limites. — L'animalité et la bestialité, alpha et oméga de M. Proudhon. — M. Proudhon dans les contrées sauvages. — Apôtre et martyr. — Glorification de M. Proudhon. — A Bicêtre ou à Charenton. — L'ovation des scélérats. — Les juges condamnés par les voleurs. — Tendresse de M. Proudhon pour cette classe intéressante. — Le droit de tuer, selon M. Proudhon. — Les Socialistes. — La Justice populaire. — Le retour de M. Proudhon à de saines doctrines. — Les Propriétaires. — Honneur aux Propriétaires (1848). — Les embellissements de

Paris. — Napoléon III. — L'achèvement du Louvre, de la rue de Rivoli, du boulevard de Sébastopol. — Le Progrès humanitaire et social. — Les Cités ouvrières. — Les maisons d'ouvriers. — Diminution des loyers. — Les ouvriers en grève. — Ce que c'est qu'une grève. — Les Coalitions. — Ce que c'est qu'une coalition. — Démenti à M. Proudhon sur les peines infligées aux ouvriers pour délit de coalition. — M. Proudhon insulte l'Armée. — Protection de l'Armée envers M. Proudhon, le 23 juin 1848. — Le Vote du *National*. — Trente mille citoyens déportés sans jugement. — M. Proudhon bourreau des victimes de Juin. — Son prudent silence. — De quel côté est la lâcheté et la trahison. — Rétractation de M. Proudhon sur la déportation de quarante mille individus par le Clergé. — Avis à M. Proudhon. — Anéantissement du Colosse du dix-neuvième siècle. — Calomnies de M. Proudhon sur les Sœurs de charité. — Pas un témoignage en sa faveur. — Rapports des officiers russes et anglais en faveur des Sœurs de charité. — M. Proudhon accusateur public. — Le système de M. Proudhon. — Rien. — Si, l'An-archie. — La Monnaie de M. Proudhon. — La Religion de M. Proudhon. — Son Armée. — Les mots socialistes remplacés par les mots de l'Ordre dans la liberté. — Dédicace de mon Livre. . . . . . 249 à 295

UN DERNIER MOT A MES LECTEURS. . . 295

Ma confession. — Mon enfance. — Mes études politiques. — Mon horreur des Sociétés secrètes. — La Révolution de 1848. — Mes regrets du Gouvernement constitutionnel. — Mon entrée dans la garde nationale. — Mon adhésion à la République. — Ma nomination comme officier. — Les Élections générales.— La manifestation des Communistes. — L'Assemblée constituante. — La manifestation du 15 mai. — La misère. — *Finissons-en !* — La Commission du travail. — Son impuissance. — La Commission exécutive. — Dissolution des Ateliers nationaux.— Ce qu'on aurait pu faire. — L'Insurrection du 23 juin. — La 12e Légion insurgée. — Le maire en tête. — Les émissaires de la République rouge. — L'Assemblée dissoute. — Le général Cavaignac à la tête de l'insurrection. — On parvient à savoir qu'il n'était pas chef ostensible. — Mon arrestation. — Ma translation de l'Assemblée nationale à la Conciergerie, puis au fort d'Ivry. — La *Fraternité du malheur*. — Histoire de la main de papier et de la cruche égalitaire. — Le brigadier socialiste. — Ses erreurs. — Sa réélection. — Le brigadier du fort de Vanves. — Forçat depuis trente ans. — Les matelas de M. Flocon. — Ma révolte contre le brigadier-forçat. — Défense du forçat par un Démocrate socialiste connu du parti. — Le forçat plus républicain que moi. — Les Candidats à la Présidence de la République. — Le coup de poing paternel comme argument *à priori*. — Le *14 juin 1849*. — Le *Comité révolutionnaire*. — Les *Comités de salut public*. — La Révolution permanente. — Le chef faussaire. — Le choléra. — Qu'importe la Famille ! — Le 13 juin. — Les missives de la Montagne. — Le Comité socialiste. — Son décret. — Les Comités de salut public. —

La Justice populaire. — Les modérés mis à mort.
— Le 14 juin. — L'Insurrection battue. — L'Inquisition socialiste. — Le 17 juin. — Décret du Comité socialiste. — Le secret des lettres violées. — La suspicion de la Famille. — Abolition du décret. — Chute de la Commission. — Rentrée d'une partie des anciens membres dans la Commission. — Arrivée des prisonniers du 14 juin. — Le *Tribunal socialiste*. — Charles Lemaître. — Les fonctions du Tribunal socialiste. — Les séances. — Les jours. — Les heures. — Ce qu'était Charles Lemaître. — De quoi il était accusé. — Effet du jugement socialiste. — Lemaître à l'*index*. — Ce que c'était que l'*index*. — Deux Tribunaux. — Deux accusations. — Les *féroces*. — L'humanité des Socialistes devant la mort. — Le jugement de Lemaître. — Discours de l'Accusateur public. — Les *Brutaux*. — La *refraternisation* du fort de Vanves. — La culpabilité de Lemaître mise aux voix. — Le Jugement populaire. — La *Prière démocratique*. — Situation topographique des détenus. — La prière obligatoire. — Décret du Comité socialiste. — L'Oraison démocratique et sociale : *Ça ira, ça ira, dansons la carmagnole*, etc. — Les cris de mort. — Les voisins de Sainte-Pélagie. — Ordre du Préfet. — Mise à la Force des rebelles. — Protestation. — Les chefs du mouvement innocents. — La Prière démocratique à voix basse. — Le Club de Sainte-Pélagie. — La *Propriété rasée*. — Opinion d'un démocrate-mathématicien à ce sujet. — Les anciens rédacteurs de la *Réforme* et du *National*, devenus raseurs du jour. — Le néant avec un arbre au milieu. — Adoption de la

proposition. — Le travail des détenus. — Décret du Comité contre le travail. — Les détenus politiques paresseux. — La fainéantise à perpétuité. — Le *Banquet des frères*. — Le Préfet bienveillant. — Banquet du 21 septembre. — Les écriteaux mortuaires. — Bons vivants. — Fête fraternelle de la mort. — Toasts démocratiques. — Vin à discrétion. — Chants fraternels et mortuaires. — Le maître du monde. — Le vin. — Chevauchage général. — Les Rois du monde. — La *Fraternité de la gamelle*. — Régime des détenus. — Nouveaux détenus du 13 juin. — Bien-être de ces derniers. — Table *Aristocratique - Démocratique*. — Restes donnés aux ouvriers manuels par les ouvriers de la pensée. — Murmures des premiers. — Règlement du Comité, instituant la *Sociale* générale. — Mon refus de faire partie de la Sociale. — La Sociale organisée. — Partage fraternel. — Les vivres ordinaires jetés. — Murmures des nouveaux frères. — Le *moi* démocratique et social. — Bataille. — Coups, injures. — Dissolution de la Sociale. — La Gamelle cassée. — Leçon donnée aux ouvriers. — Inutilité de la leçon. — Ma maladie. — Le bon Docteur. — Le vénérable Aumônier. — Le Directeur de la prison. — Mon transfèrement au Pavillon de l'Est. — Un mot sur le Directeur. — Dette de reconnaissance. — Ma demande en commutation. — Ma mise en liberté. — Calomnies des démocrates socialistes. — Les Principes organiques de la Société. — Sa Majesté Napoléon III, Protecteur de ces grands Principes. . . . . 298 à 361

FIN DE LA TABLE ANALYTIQUE DES MATIÈRES.

www.ingramcontent.com/pod-product-compliance
Lightning Source LLC
Chambersburg PA
CBHW070450170426
43201CB00010B/1288